わたしの流産と早産

大久保美貴

目次

第一章　わたしの流産と早産

第二章　心と身体の健康

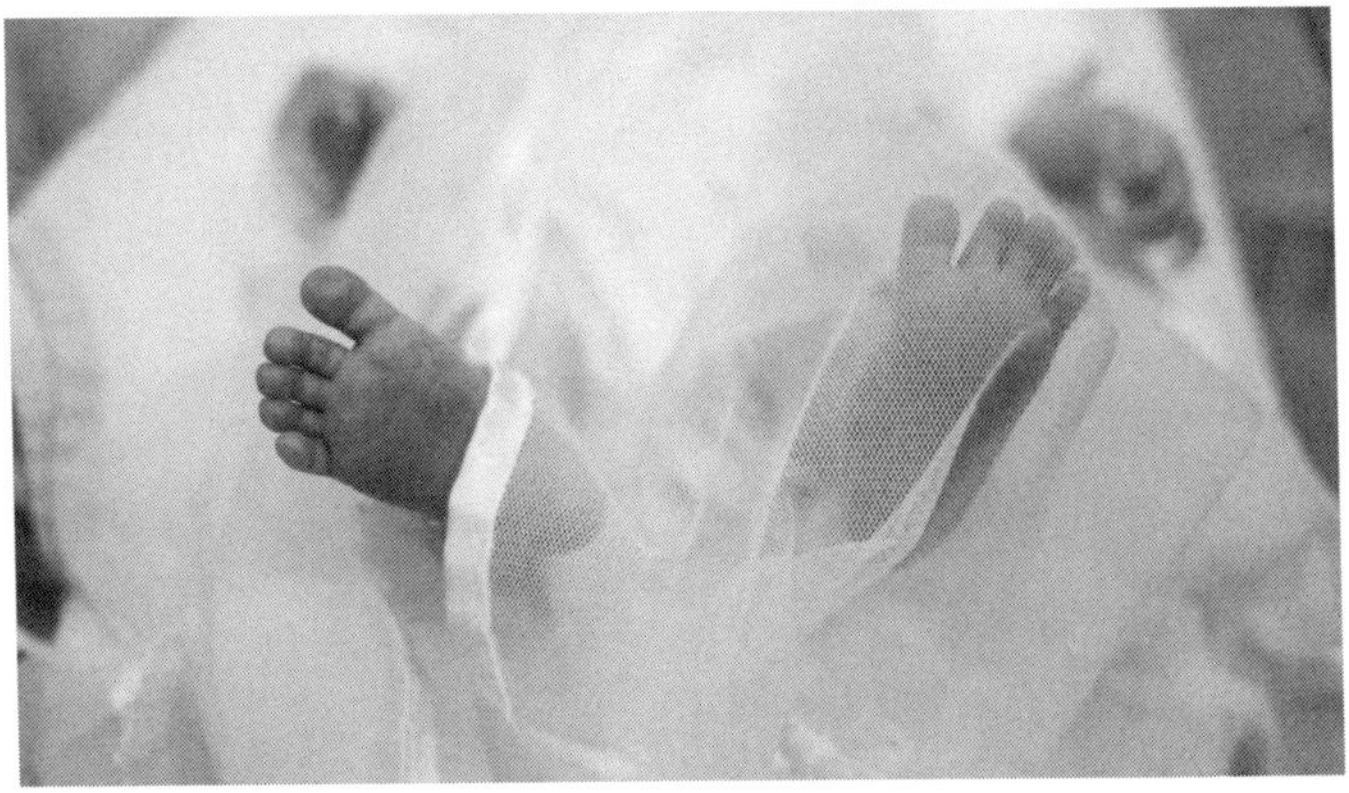

第一章　わたしの流産と早産

ポリープの切除

私には三人の子どもがいる。

長女と次女の間に長男がいたが、妊娠13週目に流れてしまった。

妊娠すると、病院やクリニックで必ず書くことになる妊娠歴。

これまでに妊娠した胎児の出生日、性別、分娩方法や異常の有無などを書く欄がある。

通常は妊娠22週以上経過した胎児について書くようで、それ以前に流産した子については書く必要がないらしい。

だが私は3回目の妊娠中、第二子の欄には必ずその流産した子を書き入れていた。

それは「その子の存在を無かったことにしない」だけでなく、「二度と同じ経過を辿りたくない。

今回担当するお医者さんには、そのことを知ってほしい」と願っていたからだ。

2回目の妊娠中、子宮付近にポリープが見つかり、11週で切除術を受けた。

ポリープがあったと知ったのは、切除術を受けたあとだった。

それまでも少量の不正出血が見られることはあったが、切除したその日は多量の出血があり、急遽《きょ》病院で診察を受けることになった。

医師は内診してまず「流れちゃってるな」と言ったが、すぐに「あれ？これ…」と呟き、そのまま無言で膣《ちつ》内の器具を動かし続けていた。

緊張と混乱で痛みはほとんど感じなかったが、何が起きているのか不安だった。

処置が終わると、医師は「割と大きいポリープがあったので、切っておきました」と言った。


この時の私は、まだこれが子宮脱落膜《だつらくまく》ポリープだということも、妊娠初期での切除が流早産のリスクを高めるということも知らない。

状況がよく分からず、ただ困惑しながら、赤ちゃんはひとまず無事だったと知って安心し、お礼を述べてその場を後にした。


その後も多少の出血は続いていたが、2か月間に渡り吐きに吐いたつわりもようやく落ち着き、とはいえまだまだ辛かった私は、夫と娘と実家を頼るべく帰省した。ちょうどお盆だった。

帰省先ではまともに動けるようになった嬉しさから、少し無理して歩くような時もあった。

この時もまだ、自分は無事に産めるものと信じて疑わなかった。

流産

２０１９年8月某日のお昼前。

お腹の張りを感じてソファに横になっていると、突然パチンといって破水した。

安産祈願や水子供養で有名な、雨引観音を参拝した翌日のことだった。


ソファに大量の羊水が染みている。もうダメだと思ったが、まだ陣痛は来ていなかった。

病院に連絡すると、すぐに向かうことになり、救急車を呼んだ。

だんだん陣痛が強くなる。子宮が締め付けられ、呼吸が浅くなる。

救急隊員の人が到着した頃には、すでに自力で担架に移動できないくらい痛みが強くなっていた。


30分ほどの道を救急車ではげしく揺られながら、陣痛に耐える。

救急隊員の人に「いきまないよう我慢して」と言われたためだ。

膣の内部で、胎児の頭がすぐそこまで降りてきているのを感じる。

流産でも通常のお産と同じように陣痛があるだなんて、知らなかった。

いっそあのままソファの上で産んでしまえば良かったのではないかと思いながら、私としても、ありもしない最後の希望がまだ捨てられず、何とか堪えていた。

だがこうなってはもう、早く出して楽になりたい。

過呼吸で朦朧《もうろう》とする意識の中で、葛藤し続けていた。


全身びっしょりと脂汗をかいているのに、身体の芯から寒気がしてぶるぶると震える。

「何か掛けてください」とお願いすると、「すごい汗ですけど」と躊躇《ちゅうちょ》されるが、「でも寒いんです」と再度お願いし、バスタオルを掛けてもらった。

少しだけ身体の緊張が和らいだ。


分娩室に運び込まれると、「もういきんで大丈夫ですよ」と言われた。

一度だけいきむと、生温かいものがにゅるりと膣内を通過して外に出た。

「よく堪えましたね」と褒めていただく。


どうせぐしょぐしょなのだからと、抑えていた尿意をついでに開放した。

人にもよるのだろうが、いきむ際の排便は我慢できないのに、排尿は我慢できるという人体の不思議にやや驚く。

通りかかった他の看護師さんが、「あれ、（羊水）何か多い？」と一瞬戸惑うが、ついていた看護師さんが小声で伝え、なるほどと納得していた。
私はといえば、もはやどうでも良かった。

胎盤を掻き出すため、子宮内に手を突っ込んで、ゴリゴリと掻き出される。
二度目なのでイメージはできていたが、やはり悶絶した。
看護師さんからいくつかの質問と今後の説明を受けた。
平静を装いながら「はい、はい」と頷き、淡々とこれまでの経過をお伝えした。
この時の体温は確か38度台。どうりで寒気がひどいはずだ。

このまましばらく安静にと言われ、分娩室に一人になる。

ふいに涙が溢れる。
どうして突然破水してしまったのか。
なぜ流れてしまったのか。
何がいけなかったのか。

ひどい頭痛とつわりに苦しんだ日々が突如無に帰し、頭の中がぐらぐらした。

看護師さんが戻ってくると、先程とあまりに様子が違うので声をかけてくれた。心配しながら付き添っていた母や、行き交う他の看護師さんたちは、自身や身近な人達の経験と照らし合わせながら、励ましの言葉をくれる。

この時初めて、流産はさほど珍しいことではないのだと知った。

少し落ち着いてきた頃、今晩泊まる部屋を選ぶよう言われた。

できることはもう何もない、どちらでも同じことだと思い、大部屋を選択した。

だが車いすで到着した先は個室だった。

それほど混んでいる様子もなかったので、看護師さんの計らいだったのだと思う。

部屋に入ると、時どき外から聞こえてくる赤ちゃんの声に滅入った。

個室にしてもらえて幸いだった。

しばらくすると、看護師さんが流産した子を連れてきてくれた。

身体の形に合わせ、保冷剤と不織布で土台を組み、透明のラップをかけた小さな即席ベッド。

その上に、包み込まれるように寝かされていた。

赤く透き通った身体。

水まんじゅうのようにぷるぷるとして、透けて見える出来かけの臓器や血管。

そろったばかりの全身の骨はあまりに精工で、特に手と足の指の繊細さには目を見張った。

この上なく華奢なその両手は、胸の上に乗っていて、瞼はしっかり閉じられている。


私はこの美しく、守れなかった小さすぎる命を前にして、申し訳ないと思うと同時に、生命の神秘を感じずにはいられなかった。


12週を過ぎた胎児は法律上死産扱いとなるため、死産届を提出し、火葬する必要が出てくる。

だがすぐに火葬場の予約が取れるとは限らず、4、5日後になることも珍しくないらしい。

夏の暑い時期であったため、腐敗させないよう管理するのは大変なことだ。


看護師さんは時どき霧吹きで水をかけたり、保冷剤を取り替えたりしてくれる。

小さな手型と足型を取り、計測した身体と体重を記し、飾りを添えたカードをくれたりもした。

そして「できるだけ一緒にいて、やりたいことがあれば全部やった方がいい」と促してくれた。

この時の助言はその後の回復に大きく繋がったため、今でも心から感謝している。

短い入院の間に、やりたいこと、できることを考えてみる。

撫でたい。
抱っこしたい。
キスしたい。
読み聞かせしてあげたい。

あれこれ考えているうちに、

おっぱいをあげたかった。
一緒に遊びたかった。
たくさんお話ししたかった。
成長した姿を見たかった。
どんな人になったんだろう。
「大好き」って伝えたかった。

と、できないことが胸に押し寄せて、苦しくなった。

限られた時間を無駄にしないよう、できることを少しずつやり始めた。

当時、毎晩のように上の娘とお腹の子に読み聞かせていた『だれかしら』を読む。きっとこの子も好きだろうと思い、夫に頼んで持って来てもらった。

動物のお友達が次々と扉を叩いては家へやってきて、最後には皆でお祝いするというシンプルな絵本だ。扉の音は、動物の大きさに合わせ変わっていく。

「コンコン」や「ドンドン」というのに合わせ、軽く表紙を叩いて音を出すと娘が喜ぶため、いつもそうしていた。

私と流産した子の二人しかいない部屋で、その絵本を開く。

「きょうは　うれしい　たんじょうび　ともだち　いっぱい　くるかしら」。

そうか、誕生日なんだと思い、また涙がこぼれてきた。

「『ともだち』いっぱい来るといいね」と挟みながら、

「あっちでもいっぱいお友達と遊べるといいね」と話しかけた。

私は信仰心の深い人間ではない。

大自然の中に神なるものを見出す気持ちは分かるが、輪廻や生まれ変わり、その他さまざまな宗教的なものについては、全くリアリティを感じていなかった。

だが子どもを流産して、初めてあの世のことを考えた。

そうでもしないと、辛すぎたのかもしれない。

「私もいつかそっちに行くから、それまで待っててね」と言うと、また会えるように思えた。


触れれば潰れてしまいそうなその小さな身体を、優しく撫でる。

小さな手を軽く持ち上げて握手する。

そっとおでこにキスして、頬を寄せた。

ごめんね、ごめんね。


もう現世では会うことのできない子どもの様子を何とか記録に留めたくて、スケッチをする。

顎や鼻は、少し夫に似ている気がした。


手紙を書く。無事に産んであげられなかったことのお詫びと、無事に産まれるということがいかに当たり前でないか、命の大切さ、尊さを教えてくれたことへの感謝の気持ちを綴った。

夫が名前を考えてくれた。

「日向」。夏らしい、いい名前だと思った。

温かいところへ向かってくれそうで、少し気持ちがほぐれた。


火葬の日程が決まり、日向と共に実家へ帰った。

看護師さんから事前に用意しておくよう言われていたため、父は木製の小さな棺を作り、母は棺を包むための袱紗を縫い、娘は棺に入れるお花を選んでくれた。

小さな身体をその棺に寝かせ、お花を添え、手紙を一緒に入れた。


火葬当日、最後に両手で包んで持ち上げ、つぶさないよう抱きしめた。

まだひんやりとした水気を感じる。

胸が潰れそうだった。


身体が小さいので、骨はほとんど残らないであろうことを告げられた。

手を合わせ、あの世で楽しく過ごしてくれること、また会うことを約束した。


高温で焼けて出てきたのは、ほとんど灰と区別がつかない白い残骸だった。

「これは骨かな、これもそうかな」と言いながら、わずかな骨と灰を拾う。
用意していただいた骨壺には、子ども用のかわいらしいシールが貼られていた。

骨壺を抱いて車で家へ戻る途中、ふと窓の外にあった猫じゃらしに目が留まった。
少し傾いた日の光に照らされ、強く輝いて見えた。
ただの雑草一本にも、生命が宿っている。何て奇跡なんだろう。

それ以降、植物、とりわけ果物が胎児のように思えて仕方ない日が続いた。
茎を通して水分と養分が運ばれ、瑞々しい実をつける。
へその緒を通して酸素や栄養を届ける、人間と同じだ。

あまりに気になるので、ついにはそのことばかり調べて過ごす日もあった。
だが気晴らしに果物の絵を描こうと思いスケッチブックに向かっても、無花果《いちじく》のようなフォルムの何かをぐるぐるとなぞるだけで、心はいつも他のところにあった。

原因の究明

ポリープの切除から間もなく起きた流産。

火葬したあとも悲しみや怒りが渦巻いて眠れない日々が続き、私は原因を突き止めようと躍起になっていた。

どうして流れてしまったのか、その理由が知りたかった。

看護師さんは「お母さんのせいではない」と言ってくれたけれど、染色体の異常など胎児側の要因で流産するのは12週までが最も多く、それ以降は母体側の要因が多くなるとされている。

流産したのは13週という微妙な週数であったにせよ、これまでの診察で胎児側に問題は見られなかったため、やはり母体側の要因だろうと考えた。

11週にあったポリープの切除から2週間に満たない間での流産。

何か関係があるのではないか。

どうすれば防ぐことができたのか、必死で調べた。

どうやらポリープは過去に妊娠出産を経験した、いわゆる経産婦に出来やすいらしい。発生した箇所によって子宮頸管《けいかん》ポリープや子宮脱落膜ポリープに分けられ、後者は切除により流早産のリスクが高くなるという研究結果がある。(1)

私のポリープはどちらだったのだろう。割と大きいということ以外は聞かされていなかった。

どちらもその出血が膣内の感染に繋がるため、切除した方が良いという積極論と、切除により流早産リスクが上がるため、温存した方が良いという慎重論があるようだ。

だが日本産婦人科学会のWEBサイトには、「子宮脱落膜ポリープの場合は切除すると流早産のリスクが上がることから注意が必要である」と明記されている。

また「いずれにしても取扱いについては十分な説明と同意が必要である」と書かれていた。

ネット上では、妊娠初期は流産のリスクが高まるため、安静と膣内消毒を行いながら12週以降まで経過観察することや、切除した方が良いと判断される場合でも、入院管理のもと慎重に切除するといった医師のコメントを目にした。

私の疑念はとても大きくなっていった。

見つかったのが子宮頚管ポリープか子宮脱落膜ポリープかは分からないが、ポリープについて事前に説明されていなければ、切除の同意も求められていない。

「ポリープがあったので切っておきました」という事後報告を受けただけだ。


リスクが高くなると知っていたら当然同意しなかったであろうし、もし出血による感染を恐れて切除を選び、その結果やはり流産したとしても、それは切除を選んだ自分の責任として受け入れられただろう。というより、受け入れざるを得ない。


なぜ勝手に切られてしまったのだろう。

無言で処置されていた時の不安な気持ちを思い出した。

自分の妊娠に自分で責任が取れない状況に対し、強い怒りが込み上げてきた。


今さらそんなことを考えても、子どもが戻ってくるわけではない。

だがせめてその理由を解明することで、ぐるぐると考え続ける負のループから抜け出したかった。

後日、切除術を受けた病院で話を聞く場を設けていただいた。

私と夫の二人で案内された診察室に入ると、自身も産婦人科医である院長とカウンセラーの女性が席に座り、看護師の女性が一人後ろに立っていた。

カルテ開示してもらった方がいいという友人の助言で、病院には事前にそう伝えてあった。それが不穏な要望であることは承知していたが、やはり病院側は即座に訴えられる可能性について考えたようだった。


もちろん訴えたい気持ちが無かったといえば嘘になるが、絶対にそれが原因だと断定することができない以上、泥沼になるのは分かっていた。

そもそもポリープが発生した時点で、いずれにせよ流早産リスクは高かったわけだ。

私自身安静にせず無理をしていたことも、当然無関係ではないだろう。

むしろ今は、それが何よりの問題であったと考えている。


ただできる限り原因の詳細を明らかにし、気持ちの整理をしたい。そして次に繋げたい。

あくまでも冷静にそのように伝えると、最初はあからさまに攻撃的な姿勢を見せていた院長も、こちらの意図を理解してくれたようだった。

院長は実際に処置した医師の対応について、「せっかくいいことをしたのに、何も言わないのは良くなかった」、「あれば取っちゃいたくなる気持ちは分かる。僕でも取ると思う」と言った。

その時点ではまるで「いいこと」には思えていなかったし、他にもつらい思いをした妊婦さんがどれほどいただろうと考えると湧き上がるものを感じたが、患者とのコミュニケーション不足を認めてくれたのは救いだった。

そして悪い予想は的中し、やはりポリープは子宮脱落膜ポリープであったと明かされた。

もし今後同じような妊婦さんが表れた場合、手術前にその内容やリスクについて詳しく説明し、きちんと同意を得るようお願いすると、対応を改善していくことを約束してくれた。

しかし訴えられるわけではないと分かって気が抜けたのか、「この辺は子どもが減っているので、またがんばってください」と言われた時には、頭に血が上ってめまいがした。

励ましたつもりなのかもしれないが、全く励ましになっていない。

吐き続けた2カ月を経て、ようやく落ち着いてきたところで子どもを失ったばかりだというのに、簡単に言ってくれるものだ。

女性は地域の人口増加に貢献するための妊娠出産マシーンではない。

やっぱり泥沼だろうがなんだろうが訴えるべきだっただろうか。


産婦人科医は母子の命を扱う大切な仕事だが、近年は減少の一途を辿っている。

その主な要因は多忙であることに加え、高い訴訟リスクを抱えているからに他ならない。

それでもこの仕事に携わっている方々というのは、恐らくは強い責任感、あるいは大きなやりがいを感じ、これまでやってこられたのではないかと推察する。


大きな問題がなければ当然のように出産できるのは、こうした方々のおかげだ。

それにはとても感謝しているし、恵まれた環境であるとも思う。

だが年齢や性別などによる隔たりは、どうしても超えることはできないのだろうか。


一呼吸おいてなんとか「はい」と絞り出し、軽く微笑んで部屋を出た。


後からカウンセラーの方が声をかけてくれたが、笑顔で「大丈夫です」と受け流してしまった。

もうそれ以上、人と話す気にはなれなかった。

原因の一部が分かったところで、悲しい気持ちが薄れるわけではなかった。

だがそんな状況でも、娘の存在と、自分にはアートがあるという思いは心の支えだった。


第一子である娘は当時およそ2歳半。

流産がどういうことかまだ本当には分からなかったと思うが、流産した日向を見て怖がることもなく、「かわいい」と言ってお別れを悲しんでくれた。

この子がいるからいいじゃないか。そう思うことで、悲しさを紛らわせることもできた。


流産は決してめずらしいことではない。

けれどそれがどういうものかということは、あまり知られていないのが現状ではないかと思う。


この衝撃はいつかアートという形で表現しよう。

やり場のない怒りや悲しみ、初めてあの世に救いを求めた夜。

骨壺を抱きながら見たまぶしい景色や、悶々としながら描いた果物のようなフォルム。

それを見た誰かが流産というものを意識するきっかけになれば。

そうすれば日向を失ったこの悲しみも、吐き続けた日々も報われるかもしれない。


無駄なことは何もない。きっと糧にして生きていくことができる。

そう信じると、ようやく前を向くことができた。


私は納骨をせず、家に骨壺やお鈴、エコー写真などを置いて手元で供養している。

身内から納骨を勧める声もあったが、どうしても離れることができなかった。

手元供養をしていると、近くにいると感じられるため、個人的にはこれで良かったと思っている。

成長して大きくなった長女は、日向のことを家族の一員として驚くほど自然に受け入れている。

気がつくとお鈴を鳴らしては手を合わせ、「日向くんいつもありがとう。今日は海に行ったよ」

など、その日あったことを報告したりしている。

手を合わせる時は決まって前向きな声かけをしているからか、日向のことを話す時は自然と温かい
気持ちになるようだ。

ある晩、いつものように布団の中でいろんな話をしていた時のこと。
楽しく話していたと思ったら、娘は突然静かに泣き始めた。
弟を想う言葉が並んだ直後だった。

娘は消え入るような声で、「日向くんのことが大好き」と言った。
「なぜかは分からないけど、悲しくないのに涙が出る」らしい。
優しさで極限まで柔らかくなった心から、愛が溢れているのが分かる。
つくづく愛おしい存在だと思った。

そして時どき「また会いたい」と言う。
「いつかまた会えるよ」と伝えている。

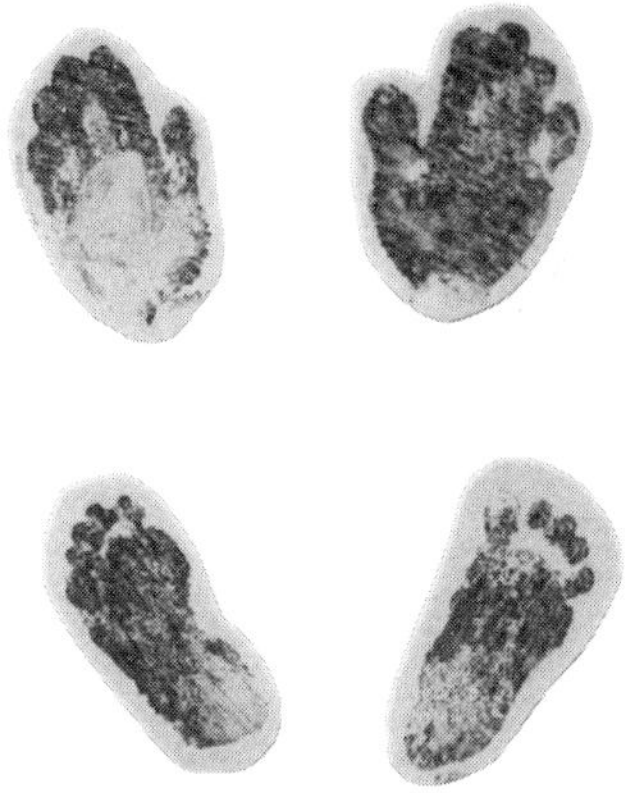

ポリープの切除、再び

流産から2年経った2021年、三人目を妊娠した。

前回同様、あるいはそれ以上につわりがひどく、1カ月の間に5kgほど痩せた。夜になるにつれて吐き気と頭痛が強くなるため、比較的調子がいい朝のうちに妊婦の必須栄養素とされる葉酸やカルシウム、鉄分などが含まれるマルチビタミンをプロテインで流し込み、バナナかトマトをよく噛みながら少しずつ食べる。

色々試したが、バナナとトマト以外は全て無駄にしてしまった。

この朝食とも言えない朝食を済ませたあとは、アミノ酸系の飲料水を作り、それを飲みながら一日のほとんどを寝たきりで過ごした。

当時私が住んでいたのは地方エリアで、産婦人科がある医療施設は限られていた。

お産への恐怖から今回は無痛分娩にしたかったのだが、無痛分娩をやっているところは一番近くて車で40分、その次に近いところで1時間半かかる。

やはり遠方は大変だろうと無痛分娩は諦めたが、結局は車で30分ほどの、前回と異なるクリニックに通うことにした。

妊娠して間もなく、前回と同じような出血がたびたび見られるようになった。

いやな予感がしたため、初診では流産の経緯についてもお伝えした。

先生はその話を聞いて、「僕でも切ると思う」と言った。

同業者への気づかいもあったのかもしれないが、恐らくは実際にそうするのだろうと感じた。

前回ポリープを切除された病院の院長も同じように言っていたのは先に書いた通りだが、実は他の通院を迷っていたクリニックでも、異口同音に「僕でも切る」と言われていたからだ。

いくら日本産婦人科学会が「切除すると流早産のリスクが上がる」と周知していても、地域の50代以上の先生方には依然としてこのやり方が支持されているのだと感じた。

やりきれない思いを抱きながらも、ただポリープができていないことを祈るしかなかった。

だがその祈りもむなしく、何回目かの診察でやはりポリープが見つかった。

診察の最中に突然、「ポリープがあったので切りますね」と言われてしまったのだ。

「またか」というショックで判断力が鈍り、咄嗟の「やめてください」が出てこなかった。


この時何も言えなかったのは、私の瞬発力が及ばなかっただけではないと思う。

産婦人科の診察室は、女性を無口にさせる特殊な空間だからだ。


診察台に座ると、自動で高さが上がって開脚する格好となり、カーテン越しにクスコと呼ばれる冷たい金属製の器具や、なにか分からないものを代わる代わる膣内に入れられていく。

歯科医院で口の中に器具を入れられるのと、少し似ているかもしれない。

ただの診察であっても決して痛みがないわけではなく、相手を信頼して身体の大事な部分を預ける行為には、緊張感を伴う。


だが身体が強張っていては痛みが強くなるばかりか、診察にも支障が出てしまいかねない。

自らの感覚を半強制的に麻痺させ、心身ともにほぼ無抵抗な状態で臨まざるを得ないような状況が、そこにはあるのだ。


そのような場のもつ特殊性が、即座にポリープの切除を拒否することを阻んでいた。

言葉を発せずにいる時間が経過すると共に、全身の血の気が引いていくのが分かった。

どうしよう、また流産してしまう。
瞬時に判断して毅然とした態度を取れなかった自分を恨んだ。

だが切られたあとの在り方は前回とは違った。
今回はこれが流産に繋がるかもしれないと知っている。この上ない緊張感があった。
絶対に流産しないと固く誓い、一日一日を慎重に過ごした。

後日、病理検査の結果、ポリープはやはり子宮脱落膜ポリープであることが分かった。
医師にはこちらの不安を伝え、しばらくは傷口の消毒のため通院した。

細菌性腟症と絨毛膜羊膜炎《じゅうもうまくようまくえん》

いずれにせよ寝たきりだったが、ポリープの切除によってさらなる安静が必要となった。何かできることはないかと調べ続けたが、子宮脱落膜ポリープについての情報は極端に少なく、論文はおろか、ブログもほとんど見られなかった。

それでも調べ続けていくうち、ポリープに関する数少ない論文の中で、「ポリープが発育増殖するような頚管《けい》内環境そのものが頚管の熟化または絨毛膜羊膜への炎症刺激を発生している可能性が疑われる(2)」と、重要な考察が書かれているのを目にした。

絨毛膜羊膜への炎症刺激により引き起こされる絨毛膜羊膜炎は、胎児と羊水を包み込む卵膜に炎症が起こって破水したり、子宮頚管や子宮口が熟化して開いたりするもので、しばしば発熱を伴うことが知られている。

病理検査は行わなかったので確かではないが、私の場合も流産した際には破水や発熱など特有の症状があったことから、恐らくはこの絨毛膜羊膜炎にかかっていたのではないかと思われる。
子宮脱落膜ポリープは実際の医療現場ではよく見られる(3)にも関わらず、まま流早産となってしまうためか、確立された予防法や対策法は示されていない。
だがそれに関連する絨毛膜羊膜炎は、流早産の原因として最も割合が高いとされ、その症状や予防法については、至る所に書かれている。

絨毛膜羊膜炎を引き起こすのは主に細菌性膣症で、これにかかると膣内を正常に保つラクトバチルス菌（デーデルライン桿《かん》菌）などの乳酸菌、いわゆる善玉菌が減り、ガードネレラ菌などの悪玉菌が増殖した状態となる。
細菌性膣症そのものは、女性の三人に一人がかかっているといわれるポピュラーな感染症だ。

どうやら「子宮脱落膜ポリープの切除が流早産のリスクを高める」というのは、「細菌性膣症などの感染症にかかった際に、上行性に進行して絨毛膜羊膜炎となるリスクが高くなる」ということのようだ。

前述の論文の重要なポイントは、「ポリープが発育増殖するような頸管内環境そのもの」に問題があるかもしれないというところにある。

考えてみれば、なぜ2回も同じように子宮脱落膜ポリープができてしまったのか。

いくら経産婦にできやすいとはいえ、全員にできるわけではない。

薄々気付いてはいたが、直視したくない現実でもあった。

だが「ポリープが発育増殖するような頸管内環境」、それが問題の根幹であるとすれば、ポリープができたのはただの不運ではない。まだ自分にもできることはありそうだ。

「子宮脱落膜ポリープの切除が流早産のリスクを高める」のは事実かもしれないが、それはあくまでもリスクの話だ。

細菌に感染さえしなければ、流産を回避することは可能なのではないか。

適切な腟の洗浄と、感染しないような腟内環境を目指すことで、リスクを最小限に抑えることができるのではないか。

そう考えると、やるべきことが見えてきた。

腸内、膣内および子宮内細菌叢《そう》

時を同じくして、乳酸菌などに関する製品を取り扱う製薬会社のWEBサイトで、「膣内環境に腸内細菌叢が関係している」といった内容の記事に辿り着いた。重要な情報だと思ったが、当時はまだ「今後、膣内環境を良くするために腸内細菌叢を改善することが一般的になっていくかもしれない」などと予想されているくらいで、本当に効果があるかどうかは分からなかった。

もし本当に腸内細菌叢が膣内環境に影響を及ぼすとすれば、その改善は流早産率を低下させ得るものとして大変重要だ。

腸内細菌叢については、アメリカやオランダでいち早く糞便移植による治療法が確立され、糞便バンクが設立されるなど、関連した研究が大々的に行われている。近年は日本でもこうした治療を受けられる医療機関が徐々に増えており、関連する研究は規模の大小を問わず加速している(4)。

また腟内のさらに奥に位置する子宮内に関しては、長い間無菌状態と思われていたが、そこにも細菌叢が存在することが近年明らかとなった[5]。

子宮内細菌叢の改善により着床率が向上することも分かり[6]、不妊治療の現場で生かされている。

こちらはラクトバチルス菌やそれを増やすための成分を腟剤として挿入したり、経口薬として内服したりすることで、その改善に効果が見られるようだ。

ただどちらの治療法も、まだ確立されているとは言い難い。

短期的には腟剤の方が有効だが、残念ながら定着はしないともいわれている。


腸内細菌叢が食事などに影響を受けることは周知の事実だが、子宮内細菌叢もまた、経口摂取したものに影響を受けるとはどういうことだろう。

もしそれが事実であれば、そこに繋がっている腟内もやはり同様に改善するのだろうか。

そうであって欲しいが、やはり実際にはそう単純なものではないらしい。


腸内、腟内および子宮内腔の細菌叢の関係を解明し、妊娠維持に有効な子宮内環境を同定することを目的として、2018年から2020年にかけて行われた研究がある。

同研究では、「腟内細菌叢と腸内細菌叢はそれぞれが独立しており、お互いに影響を与える可能性は低い[7]」との結論が、落胆交じりに報告されていた。

同様に子宮内と膣内の細菌叢においても、相関のある細菌を見つけることはできなかったようだ。
新型コロナウイルスの影響で当初予定していた検体が集まらず、非妊娠可能年齢6人の膣内、子宮内、腸内細菌のみから検証した結果であったことは念のために触れておく。
先行研究により膣内細菌叢は動的であることが示されているため、(8) サンプリングするタイミングなどが影響するのかもしれない。

いずれにせよ、腸内、膣内および子宮内の細菌叢に関する研究は始まったばかりで、これらの相関関係はまだはっきりと分かっていないのが現状だ。

だが腸内環境が良くなるような食生活を続けていくことは、即効性は低いかもしれないが、やはり子宮内および膣内環境の改善にも効果があるのではないかと個人的には思っている。
少なくとも、悪化を防ぐことはできるのではないだろうか。

確かなことは何もないが、迷っている余裕もない。ハイリスク妊娠の状態になってしまった以上、可能性があることは何でもやってみるしかなかった。

糖質制限とシンバイオティクス

空腹の床の中で食事について考えるのは苦行以外のなにものでもなかったが、腸内細菌叢の改善が望める、本当に身体に良い食事についてひたすら調べ、考え続けた。そして吐き気が落ち着き、いろいろ食べられるようになってきた頃、ようやく抜本的な食事内容の改善に着手した。

手始めに行ったのは糖質の摂取量の低減、そして摂取する糖質、糖類の厳選だ。その頃はまだ「胎児の主なエネルギー源はブドウ糖である」という通説を無視できなかったため、朝は薄切りの食パン一枚、昼は春雨といった炭水化物を少量ずつ食べ、夜だけその一切を制限することにした。

砂糖や乳糖、果糖ブドウ糖液糖など、単糖類および二糖類を含む調味料は極力使うことを避け、代わりに難消化性であるフラクトオリゴ糖や、それが使いにくい時は消化性のイソマルトオリゴ糖を取り入れ、さまざまな料理に活用した。

子どもがパンやクッキーを作りたいと言った時は全粒粉やオートミールを使い、なるべく糖質を減らして食物繊維を増やすようにした。

基本的な食事は大豆や卵、鶏肉、魚などのたんぱく質を主とし、オメガ3、6、9のバランスを意識しながら、亜麻仁油やごま油、オリーブオイルなどの脂質を合わせ、野菜やサプリメントから各種ビタミンを摂った。

また食物繊維やオリゴ糖など腸内細菌叢のエサとなるプレバイオティクスを摂る際には、乳酸菌や酪酸菌などのプロバイオティクスを合わせ、「シンバイオティクス」となるよう工夫した。

そして忘れてはいけない、水分をしっかり摂ることを心がけた。

妊娠を継続させる目的で始めた食生活の改善だが、この時の身体の変化はあまりにも劇的だった。物心ついた頃からずっと悩み続けてきたひどい車酔いをはじめ、頻繁にやってくる頭痛や便秘、一人目の出産以後悪化していた椎間板ヘルニアなど、生活の質を著しく低下させていたものが、気付けば軒並み改善されていたのだ。

これまでずっと車酔いは三半規管が弱いせいだと思っていたが、それが根本原因ではないということ、また車酔い、頭痛、便秘、これらが互いに関係していることを、身をもって痛感した。

椎間板ヘルニアに関しては、整形外科のWEBサイトなどによれば、体重や脂肪が減ることで腰椎や神経への圧迫が弱まったことが、その改善に繋がったようだ。

妊娠時に特有の恥骨痛や頻尿などの症状には依然として悩まされ続けていたが、それらを差し引けば、これまでの人生で一番調子がいいと感じられた。

肝心の胎児については当初ブドウ糖不足が心配されたが、妊娠週数の平均より少し大きいくらいで順調に成長を続けていた。

このままいけば何とか無事に産めるかもしれない。

少しずつ期待感が高まっていった。

妊娠糖尿病

妊娠中期の後半に差しかかった頃、2週間くらいの間に来客が続いたことがあった。経過が順調だったこともあって、「少しくらい大丈夫だろう」と甘くて美味しいお菓子をいろいろと口にした。

普段の食事はかろうじてそれまでのバランスを保っていたが、日を増すごとに自分自身の「少しくらい」のハードルが下がっていくのを感じた。程なくして、妊娠糖尿病の診断を受けた。

検査にあたっては、普段絶対口にしないような甘い炭酸水を一瓶一気に飲むことになるのだが、たまの贅沢でもないのに、わざわざ大量の糖分を摂取することには、強い抵抗感を感じた。妊娠糖尿病は、他の糖尿病の検査よりも基準値が低く、すなわち厳しく設定されている。「こんな激甘なもの一気に飲めば、そりゃ血糖値も上がるだろう」と、心の中で突っ込んだ。

妊娠糖尿病と診断されると、産婦人科だけでなく内科での診察も加わり、さらには内科主導のもと、管理栄養士による栄養指導を受けることになる。

言われるがまま向かった栄養指導の部屋だが、そこで受けた指導内容には愕然とした。

誰しも一度はどこかで見たことがあると思われる、「食事バランスガイド」という厚生労働省が策定している図表がある。

これをもとに、パンやご飯などのいわゆる「主食」は全体の6割、「主菜」、「副菜」、「牛乳、乳製品」、「果物」といったその他のカテゴリーは合わせて全体の4割というものが推奨栄養バランスとして示され、それに準じた食事を摂るよう指導されるのだ。

健康で問題のない人は、その割合でいいのかもしれない。

だが妊娠糖尿病と診断された人に、そんなに糖質を摂取させて大丈夫なのか。

糖尿内科の医師曰く、「妊婦さんは赤ちゃんにブドウ糖を届けるために、通常よりも多くインスリン拮抗《きっこう》ホルモンを分泌するようになります。妊娠週数が進むにつれて分泌量が増え、どうしても血糖値が上がりやすくなるので、もし今後基準値を上回った場合はインスリン注射を打ちましょう。逆に打っていれば大丈夫なので、安心していいんですよ」とのこと。

どうやら妊婦は胎児の栄養のために、自らインスリンの効きを悪くしているというのだ。

そうは言われても、やはりどこか納得がいかなかった。

先に指導されたような食事を続けていれば、血糖値が上がる一方なのは目に見えていたからだ。

血糖値の測定器をレンタルし、穿刺《せんし》針や測定チップを買い、翌日から3食それぞれの食後血糖値の記録を取らねばならなくなった。

まずは指示通りに糖質を増やしてみたが、やはり基準値をオーバーしてしまった。

すぐさまこれまでの食事内容に戻し、以後はその血糖値を測定してみることにした。


結果は正常値の範囲内で一定のまま推移し続けた。

糖質を減らした食事を摂っているのだから、当然といえば当然だ。

妊娠糖尿病と診断されても、糖質を摂らなければ血糖値は上がらない。

数字がそれを証明しているし、インスリン拮抗ホルモンが増えて血糖値が上がるかどうかは、今後もこの食事を続けていれば分かることだ。


胎児はちゃんと育っているのだから、今の食生活を続けていれば問題ない。

インスリン注射も打たずに済む。そう確信した。

「次回の栄養指導の際には、食事内容を記録して持ってきてください」と用紙を渡されていたので、詳細に書いてお渡しした。

「栄養しっかり摂れているので問題ないですね。あともう少し炭水化物を増やせるといいですね」。

なぜ栄養がしっかり摂れていて、血糖値は基準値をオーバーせず、胎児は問題なく成長しているのに、炭水化物の増量を勧めるのか。理解に苦しんだ。

よっぽどインスリン注射を打ちたいのだろうか。

一度打ち始めれば、以後は日に3回、必ず打たねばならない。

それは避けたかった。

エネルギー摂取量、身体活動量および筋肉量とインスリン抵抗性

普段の血糖値は正常なのに、どうしてこんな煩わしいことになってしまったのか。数週間前の自分の意思の甘さによることは弁解のしようがないが、それにしてもこれほど短期間のうちに妊娠糖尿病になるとは思わなかった。

一人目の妊娠時はいわゆる「食べづわり」で、吐き気はあるが実際に戻したことはなく、食べている間は吐き気が緩和されるため、パンやおにぎりなどの手軽に食べられるものを中心に、ひたすら食べ続けていた。

その勢いを維持したまま、最終的には元の体重にプラス14kgと医師から注意を受ける程であったにも関わらず、妊娠糖尿病にはならなかった。

今回はそれと比べればはるかに少ない量であったのに、なぜ。

悔しさ半分、不可解半分で、先の栄養指導やインスリン注射のことも含め、納得のいかないことばかりだった。

一人目と今回の妊娠の違いはどこからくるのか。

妊婦を対象としたものではないが、参考になる論文があった。

2021年1月に発表された「日本人低体重若年女性の耐糖能障害《たいとうのう》（IGT）の割合と特徴」という順天堂大学の医師たちによる論文では、痩せ型の若年女性は標準体重の人に比べて耐糖能異常の割合が約7倍高い（標準体重の人が2％未満であるのに対して痩せ型の若年女性の場合は約13％である）こと、またエネルギー摂取量、身体活動量および筋肉量が少ない「エネルギー低回転タイプ」であることが明らかになっている。

また同論文では痩せた若年女性における耐糖能異常にも、「代謝的肥満」といわれる中年肥満者と同様の症状が関与していることが、世界で初めて示された。

耐糖能異常とはすなわちインスリン抵抗性が増すこと、食後血糖値を下げる唯一のホルモンであるインスリンの効きが悪くなっている、ということだ。

一人目の妊娠時は、前述の通り、食べづわりで十二分にエネルギーを摂取していた。身体の不調はさまざまあったものの、重いものを持ったり走ったりと、無自覚にも程があるくらい活動的であった。いわば「エネルギー高回転タイプ」の妊婦だったといえるだろう。

対照的に今回の妊娠では、吐きつわりでろくに食べられず、体重は減り、子宮脱落膜ポリープによる出血も重なって、まともに動くことすらできなかった。

この間の筋肉量の減少は著しかったと思われ、安静が解除されて動き始めた頃には、動悸、息切れ、めまいとともに、手の震えや足下のフラつきがあった。


「妊婦は赤ちゃんにブドウ糖を届けるため、インスリン拮抗ホルモンを多く分泌し、血糖値が上がりやすくなる」という話があったが、それだけでは一人目と今回の違いを説明できない。

もしそれが理由であるとすれば、糖質を摂り続けていた一人目の時に妊娠糖尿病になってもおかしくないはずだ。


だがその主な要因が、エネルギー摂取量や身体活動量、筋肉量の減少にあるとすればどうか。


つわりの有無に関わらず、妊婦は体重が増加するに伴い、身体を動かしづらくなるのが普通だ。

恥骨痛や頻尿、腰痛、痔、そして急激な血液量の増加による立ちくらみなど、さまざまなマイナートラブルに悩まされたりもする。

ハイリスク妊娠であればなおさら、日常生活における必要最低限の動き以外は制限されるだろう。

そのような状態で、妊娠前と同じような身体活動量や筋肉量を保つことは極めて困難だ。

身体活動量および筋肉量の減少は、妊娠すれば誰しも大なり小なり経験するものと思われる。それによるインスリン拮抗ホルモンの増加が、いつの間にか「胎児の主なエネルギー源はブドウ糖である」という通説を生み出してしまったのではないだろうか。

またそう考えれば、「妊娠週数が進むにつれてインスリン拮抗ホルモンの分泌量が増え、血糖値が上がりやすくなる」のは、ごく自然なことのように思える。

誰しもその頃にはずっしりと身体が重く、お腹の膨らみで足元は見えず、階段を数段上がっただけで息切れするようになるのだから。

日頃糖質を制限して栄養にも気を配っているのに、なぜここまで煩わしいことになってしまったのか、しばらく疑問に思っていた。

だが以上の通り「妊娠糖尿病はエネルギー摂取量や身体活動量、筋肉量の減少がその主な要因」と考えれば、辻褄が合うのではないか。

これらはあくまでも私の推論に過ぎないが、そう考える理由は他にもあった。

ブドウ糖とケトン体

前述の推論は、一つの新しい研究結果に基づいている。

それは「胎児は絨毛で作られたケトン体を、主な栄養源、熱源、エネルギー源としている[10]」というものだ。「胎児の主なエネルギー源はブドウ糖」という常識は今、その根底から覆ろうとしている。

ケトン体は主に脂肪酸の分解により生成され、胎児に限らず人が活動する上で重要なエネルギー源となることが分かってきている物質だ。

近年大変な注目を集めており、体内でケトン体を優位にすることは、アルツハイマーや癌などの症状改善にも効果があるとされ、関連するさまざまな研究が行われている。

そんな中で発表された宗田哲男氏の著書、『ケトン体が人類を救う —糖質制限でなぜ健康になるのか—』は、タイトルこそやや極端な感じもするが、それくらいインパクトのある内容だった。

同書では、臍帯血《さいたいけつ》や新生児の血液、胎盤の絨毛などを分析した結果、いずれもブドウ糖よりケトン体が高い値を示していたことが記されている。

胎盤の絨毛や臍帯、へその緒は、胎児に酸素や栄養を届ける重要な役割を果たしている。ブドウ糖よりもケトン体の値が高いということは、すなわち胎児により多く届けられている栄養素はケトン体であるということを意味している。

この研究結果は学会で大きな波紋を呼んでおり、あまり歓迎されているとは言い難いようだ。

しかしこれまでの妊娠経過と照らし合わせても、その内容には合点のいくことばかりだった。なにせ糖質は最小限に抑え、たんぱく質や脂質、食物繊維などが全体の8割以上を占めるような食事を続けていたにも関わらず、胎児は妊娠週数の平均より少し大きく成長していたのだ。

私自身、日本人女性の平均身長より少し大きいため、それが影響しているのかもしれない。だが主な栄養源とされるブドウ糖が足りない状態で、平均より大きくなるとは考えにくかった。

これまで行ってきたゆるやかな糖質制限は、胎児が順調に成長していたからこそ続けられたものの、実際に栄養が足りているかどうかは毎回の妊婦検診まで定かではなく、不安もあった。だが同書を読み、以後は安心して糖質制限を続行することができた。

そして妊娠糖尿病となってしまう原因について考える上で、重要なヒントを与えられた。

「胎児が主な栄養源としているのはブドウ糖ではない」。もしそうだとすれば、妊娠したからといって自動的に多量のインスリン拮抗ホルモンを分泌する必要はないはずだ。何か他に理由があるのではないか。

そう考えて納得のいく理由を探し始めたのが、先の「妊娠糖尿病はエネルギー摂取量や身体活動量、筋肉量の減少が主な要因」という推論に至った最初のきっかけである。

胎児の主な栄養源はケトン体であると明らかになった以上、改めて「赤ちゃんのために糖質をたくさん摂って、血糖値が上がればすぐさまインスリン注射」にはNOと言いたい。

私個人の経験だけでなく、宗田氏の著書に紹介されているさまざまなケースからも、妊娠糖尿病は糖質の摂取量を減らすことでその大部分が解決することが分かっているからだ。

同書によれば、インスリンは一度打ち始めるとインスリン抵抗性が増大し、さらなるインスリン投与が必要となり、妊娠高血圧症候群を併発するなどの悪循環に陥ることもあるという[11]。

妊娠糖尿病と診断され、インスリン注射を打っているにも関わらず血糖値が上がり続けるのは、妊娠しているから仕方ないという問題ではないのだ。

やはり打ちたくない。

そう思った私は、病院からの栄養指導を受け流し、水面下で糖質制限を行い、インスリン注射から逃れ続けるという、なかなかスリリングな妊娠後期を迎えていた。

切迫早産と入院生活

重いつわりから子宮脱落膜ポリープの切除、そして妊娠糖尿病と始終ハイリスクな妊娠生活を送ったが、何とか妊娠30週目までは持たせることができた。

だが思わぬところから事態は急変した。

新型コロナウイルスのワクチンを接種したその日から、お腹がよく張るようになったのだ。

横になっていれば収まるが、歩くとすぐにお腹がぎゅっと固くなった。

念のため安静にして過ごすが、翌日も張りが収まらない。

その日の深夜2時頃、ついには横になっていても張るようになり、次第に痛みを感じ始めたため、寝ている夫と娘を起こし、そのまま病院の救急外来へ向かった。

救急外来でPCR検査を受け、看護師さんがルートを確保する。

血管が細く、これまでも点滴を受ける際に打ち直されることはあったが、この時は6回打ち直された。

点滴の針は太くて痛い。さすがに途中で誰か代わりを呼んでくれと思った。またルートを確保して最初に行う採血の際には、血の出が悪かったのか、やっと刺さったその針を繰り返し激しく揺さぶられた。

隣にいた看護師さんの「8ccもあれば充分ですよ」という声でようやく揺さぶる手が止まった。

お腹はかちこちに張ったままだ。

産婦人科に移動し、張り止めの点滴が開始され、診察を受ける。

子宮頚管は35㎜以上あるのが普通だが、この時すでに20㎜と短くなっていたため、切迫早産で即入院することとなった。

当時はコロナの流行で、一切面会禁止だった。

予期せぬ入院で、夫と娘には「ちょっと行ってくるね」と手を振っただけになってしまった。

心の準備がなかった娘は毎日ひどく泣き、時には夫や手伝いに来ていた義母に信じられないような悪態をついたりもしていたようだ。本当にさみしい思いをさせてしまった。

限られた時間の中でビデオ通話もしていたが、やはり互いに物足りなさを感じていた。

ふと窓越しであれば会えるのではないかと思い、荷物を届けに来てくれた際に、「何階の何番目の部屋だよ」と伝える。

窓の外に娘と夫の姿が小さく見える。何度も手を振り合った。

それからは時どき病院の外に来てもらってはその場で通話したり、遊んでいる様子を眺めたりして、束の間のガラス越しの面会を楽しむようになった。

入院してからというもの、しばらくはシャワーを浴びる許可が下りず、泡の石鹸をつけてタオルで拭くだけ、点滴はすぐ腕の中で血管を突き破って漏れ出してしまうため、何度も差し替えて両腕は穴と青あざだらけ、食事は満足に食べられず、エネルギー不足と点滴の副作用で全身の震えと倦怠感が続き、いろんな物音で常に寝不足、電話先で泣く娘を抱きしめることもできないという、さまざまな困難に直面した。

中でも苦心したのは、毎回の食事だ。

一般的な妊娠後期の妊婦に必要な一日の摂取カロリーが2500㎉程度とされるのに対し、妊娠糖尿病と診断されている人の入院中の管理食はカロリーおよび塩分が控えられ、その上限は1800㎉と決められている。持ち込みの食事を摂ることは禁止だった。

先の栄養指導の通り、ごはんやパンが全体の6割を占め、残りの4割には必ずといっていいほど果物や根菜類、甘い味付けのものが出たりする。たんぱく質や脂質の量は悲しくなるほど少なく、まともに食べればどうしても血糖値が上がってしまうものだった。

また24時間絶えず繋がれている張り止めの点滴は、リトドリン塩酸塩というものをブドウ糖5％の注射液で希釈したもので、全身の震えや発熱といった副作用があるだけでなく、空腹時、つまりベースとなる血糖値が通常よりも高くなる作用がある。それを抑えるためという、少量のインスリンも点滴されているが、ベースの血糖値が高くなれば、当然その分食後の血糖値も高くなる。

空腹に耐えながらも、ご飯やパンを残すことで何とか食後血糖値を基準値内に収められることもあったが、メインのおかずが甘い味付けや、じゃがいものスープだったりした時は、もはやお手上げだった。

リトドリン塩酸塩についてもう少し掘り下げると、欧米で行われている高容量を短期間投与するやり方の場合、その妊娠延長効果は48時間までしかないことが分かっている。

母体の胸痛、呼吸困難、動悸、振戦《しんせん》、頭痛、低カリウム血症、高血糖、吐き気・嘔吐、鼻づまり、胎児の頻脈などのさまざまな副作用があるとされ、さらには母体と胎児の両方に肺水腫、心不全、不整脈等の重篤な心血管障害を与える可能性もあるため、欧州医薬品庁は２０１３年10月、使用期間を最大48時間までとする通知を発表した。(12)

日本で行われているのは低用量による持続点滴で、欧米のそれとは条件が異なりエビデンスは確立されていないが、肺水腫に加え、肝機能障害、横紋筋融解《おうもんきん》、顆粒球《かりゅうきゅう》減少症といった症例が認められている。(13)

現在は日本でも48時間以内に制限し、その間にプロゲステロン投与するなどの治療法を行うところも出てきているようだが、ネットで見る限り、切迫早産で入院し数カ月に渡って張り止めの点滴を受けたという人も多く、その支持はまだまだ根強いようだ。

私の場合、お腹の張りが収まれば点滴を抜くこともできるといわれていた。

副作用を回避し、血糖値を下げるため、一刻も早く抜けることを願うばかりだった。

だが入院して数日後、ついに「血糖値が上がっているため、この昼からインスリン注射を日に３回食前に打ちます」という話を薬剤師から受けてしまう。

本来は朝、昼、晩と就寝時の4回だが、就寝時の一回は24時間効かせるためのもので、既に点滴に混ぜているものと効果は同じであるため、点滴と併せて3回の注射を行っていくとのこと。


これ以上薬漬けにされたくない。

薬剤師さんには一度内科の先生とお話ししたいとお願いし、昼は見送ってもらうことにした。


面倒なことを言われてさぞかし迷惑だっただろうと思う。

しかし本来であれば食事で解決できる問題と知りながら、母子の健康を害し得るものを注入され続けるのは、どうしても受け入れられなかった。


病院の方針に従えない場合、退院して自宅で安静にすべきなのだろうか。

自宅安静が認められたとして、その後この病院で分娩させてもらえるかは分からない。

もし分娩を受け入れ拒否されたら自宅で出産になるのか。

それは本当に赤ちゃんのためといえるのか。

間違ったことと知りながら、甘んじて受け入れるしかないのか。


人にとってはどうでもいいことかもしれないが、私個人としては大きな問題だった。

しばらくすると内科の担当医がインスリン注射の説明に来た。

私は胃が痛くなるのを感じながらも、前回の流産経験から食生活を見直したこと、自分なりに文献を調べ、胎児が主に必要としているのはブドウ糖ではなくケトン体であることを知り、栄養指導で受けるような高糖質の食事を続け、血糖値が上がったらインスリンを打つというやり方に納得がいかないことを伝えた。

また一時は自宅でも栄養指導に沿った形で炭水化物を増やしたが、血糖値が上昇したため、自主的に食事内容を元に戻し、入院に至るまでは正常値をキープしてきたことも申し添えた。

そして「糖質を減らしてその分たんぱく質を増やしてもらえないか。そうすればまた血糖値は正常値に戻るはずだから」と、図々しいのは百も承知の上、食事内容の変更をお願いした。

担当の若い医師は、「現状こういうやり方でと決まっている以上、血糖値が基準値を超えた場合にはインスリン注射を打つしかなく、食事内容を変えたりすることもできないが、糖質を自主的に摂らないということはできる。これがお互いの妥協点になるのでは」と言った。

「ただ全く食べないのではなく、半量に抑える程度に留めて欲しい」とのことだった。

ひとまずインスリン注射は打たない方向で様子を見ることに決まったが、あまりに落胆が大きく、昼食の主食はひと口も食べられなかった。

翌日、やはりどうしても諦めきれず、ダメ元でもう一度食事内容について相談した。担当医は「栄養室に確認してみる」と言い、なんとその夜から主食がおよそ2分の1、副食のうち主菜が1・5倍となるよう変更してもらえることになった。

インスリン注射についても、血糖値は上がっているがお腹の張りが収まっているようであれば点滴が外せるため、点滴が外れたあとの経過を見守ってからの判断で良いということになった。この時の栄養室と若い内科の先生の柔軟な対応は、本当にありがたかった。

先生は後日様子を見に来た際、「また何かあったらいつでも言ってください。そのために僕らがいるんですから」と言って笑った。心の中で淡白な先生だと決めつけていたのを恥じた。これまで取り組んできたことを断念せざるを得ない状況に置かれ、一人で勝手に絶望感を感じていたが、思い切って伝えて良かった。込み上げるものがあった。

これまでの状況を考えればその差は歴然で、不自由な入院生活の中にも大きな希望を見出せた。

しかしそれでもなお、エネルギー不足は深刻だった。

スタートが１８００kcalで、恐らくは正味１３００kcal程度。安静にしているとはいえ、足りない。

点滴の副作用かエネルギー不足か判別できない全身の震えは、一向に収まる気配がなかった。


持ち込みは禁止されているが、このままでは母子ともに危険な状態になってしまう。

ただ検温や血圧測定、ゴミ箱の回収などがあり、あまり目立つ食べ物の持ち込みは難しそうだ。


夫に相談してみると、荷物にチーズとナッツを忍ばせてくれるようになった。

先生の笑顔を思い出すと胸が痛むが、食事の前に隠れてチーズとナッツを大量に頬張る。

久々にお腹と心が満たされた瞬間だった。

冷蔵庫に隠していたこの大量の密輸品は、出産直後に看護師さんに見つかることになるのだが、
今さら言っても仕方ないと思われたのだろう、笑って見過ごされた。

早産

２０２１年８月某日、妊娠32週と５日。

この日は１週間ぶりに産婦人科の担当医による診察があった。

子宮頚管長は27㎜で、入院時より伸びている。絶対安静の効果があったようだ。

お腹の張りも収まっているという判断のもと、張り止めの点滴を抜いてもらうことになった。


お腹の張り具合は、毎日定刻にモニターで確認されていた。

張りはまだ時どき感じられたし、モニターにもその波形がしっかりと刻まれていたが、一秒でも早く点滴を抜いて欲しいという思いから、「感覚的にはそんなに張っている感じはしない」と、それほどでもないことを強調した。

逆に言えば「まだ少し張りを感じる」といってもいいくらいの状況ではあったが、いずれにせよ抜いても良しとなった時は心底嬉しかった。


常に身体が震え、血管が破れれば差し替え、移動するにもコードやチューブの長さに注意を払い、着替えの際には看護師さんを呼ぶしかないという不自由な生活からの解放。

自分でも驚くほど、心が軽くなった。

さっそく溜まっていた洗濯物を洗ったり、シャワーを浴びたりした。


しばらくして、再度担当医がやってきた。

通常のタイミングではないが、「ちょっと赤ちゃんの大きさを見たいので診察させてください」とのこと。


今回私は妊娠前と比較して、体重がそれほど増えていなかった。

通常は妊娠すると子宮1kg、胎盤500g、羊水500g、血液2kg、胎児の体重3kgで、最低でもおよそ7kgは増えるといわれている。

BMI(肥満度を表す体格指数)20という普通体型ど真ん中の私の場合、7kgから12kgが適正な体重増加量となるらしい。


入院した時点では、もとの体重からするとプラス5kg。

胎児はまだ2kg程度のはずなので、5kgから妊娠による増加分6kgを差し引くと、私自身はむしろ妊娠前より1kg痩せているということになる。

つわりにより減った分は食事ができるようになると一度元に戻ったので、これはその後余計なものをほとんど食べなかったことで、ついていた脂肪が1kgほど減ったものと思われる。

そして入院後は入院食のカロリー制限に加え、自主的な糖質制限によりさらに2kg減ってしまったため、担当医は胎児の成長に支障が出ているのではないかと訝っていたようだ。

だが診察すると、胎児の推定体重は妊娠34週相当の2180gで、32週の平均1805gを上回っていた。内科の先生と密輸品のおかげだ。

予想外に順調な成長を続けていたことから不思議そうに何度もエコーを確認され、内心何を言われるかとひやひやしたが、「いいですね」と言われてほっとした。

そして「このまま張りが落ち着いていれば、数日後には退院して大丈夫かもしれない。ただ自宅で安静にするのが難しければ、やはり34週まではいてもらった方がいい」との話をされた。

夕方は娘が義父と一緒に会いに来てくれることになっていた。

習っていたバレエの帰りで、「もうすぐ行く」との連絡が来ている。

二人が来る前に用を足しておこうとトイレに入ると、突然便器が真っ赤に染まった。

そして間もなく、お腹が強く張り始めた。


ダメだ、もう産まれる。

瞬時にそう感じた。


点滴を抜くと張り返しがある人も多いとは聞いていたが、これがそうか。

やはりまだ抜くには早すぎたのかもしれない。

48時間以上の妊娠の延長効果は認められていないというが、相応の効果はあったようだ。

それとも点滴が抜かれて浮かれていきなり動き過ぎたか。

今さら考えてももう遅い。


あと少しで二人が到着する。

娘たちにこちらの状況と対応をきちんと説明している余裕はない。

断片的な情報で不安を煽るのは避けたかった。

とにかく姿を見せなければ。

娘の心のよりどころになっていたガラス越しの面会を中断することはできなかった。

二人がやってきて、手を振り、少しだけ話をした。

お腹が張ってきたことを簡単に伝え、お別れをし、横になる。

そしてやはり張りが収まらないことを確認すると、ナースコールを押した。


急激に強い陣痛の波が押し寄せてくる。

胎児が酸素不足にならないよう、必死で口から細く長く息を吐き、鼻から一気に大きく吸うことに集中した。


妊娠32週では胎児の肺が未熟であるため、通常は帝王切開となる。

だが私の場合あまりにお産の進みが早く、もはや間に合いそうになかった。


陣痛と陣痛の合間にお産用の服に着替える。

一度診察され、子宮口が開いてきていることを確認されたのち、車いすで分娩室まで運ばれた。


分娩台に横になる。

産婦人科の先生から「赤ちゃんが危ない場合はすぐに帝王切開に切り替える」との説明を受け、看護師さん達は急いでその準備をしていた。

両腕にルートを確保され、片方から抗生剤、もう片方からは張り止めの点滴を打たれるが、すでに頭は降りてきていた。

陣痛の痛みは限界に近づいている。


とにかく過呼吸にならないよう、長く息を吐き続けるが、それでも頭が痺れてきた。

息も絶え絶えに、「前回もお産早かったので、もう産まれると思います」と、傍にいた看護師さんに伝えた。

お願いだからこのまま産ませてくれという気持ちだった。


先生が「(子宮口)6㎝、7㎝、これもう間に合わないな。N呼んで!」と大きな声で指示を出す。

「N」って誰だろう、ブラックジャックみたいな人かな、などと馬鹿なことが頭をよぎったが、どうやら普通にNICUの先生を指していたらしい。


産まれたらすぐに運ばれていくのだろう。きっと何とかしてもらえる。

日本の新生児死亡率は0・1%未満。世界で最も低いのだ。


「9㎝、全開大!」と言う声が響くや否や、痛みが最高潮に達し、叫びながらいきんだ。

弱々しい泣き声が聞こえる。

良かった、一応息は吸えたんだと思い、少し安堵する。


終わった。長かった。

陣痛の痛みが去り、全身から力が抜けた。


頭が小さいので、出口を通過する時の痛みは一人目の時ほどではなかったが、やはり会陰《えいん》は裂けてしまった。


体重は推定より少し軽い1950g。

予定日よりおよそ2ヵ月早い低出生体重児で、小さな小さな女の子だった。


NICUの先生が、顔の近くに赤ちゃんを連れてきてくれた。

赤ちゃんの方へ上体を軽くひねり、「かわいい…」とひと言。

もちろんそう思ったのだが、疲労感と赤ちゃんがすぐに呼吸器をつけなくて大丈夫なのか気がかりで、それしか出てこなかった。

続けて「ありがとうございます」と伝えると、すぐにNICUへと運ばれて行った。

こちらはそのまま胎盤を掻き出し、会陰を縫合する処置に移ったが、麻酔が全く効いておらず、お産の時以上に叫んでいた。

全ての処置が終わり、分娩台で安静にしている間、「上手なお産でしたよ。玉汗かいてるから、すごい我慢してるんだなと思いました」と言いながら、看護師さんが身体を拭いて着替えさせてくれた。

上手というのは、「呼吸に集中できていた」ということだと思う。
一人目、二人目の時は過呼吸で何度も意識を失いかけたが、今回はお産への強い恐怖心から、事前に何度も呼吸法をイメージトレーニングしていたのが役に立った。

だが誰よりも頑張ったのは、まだ小さい身体で必死に産まれてきたわが子だ。
普通はこの小ささで経膣分娩はあり得ない。
何とか無事に産まれたから良かったものの、本当に危ないところだった。
やはり34週までは点滴を続けてもらうべきだったのか。
副作用の危険性を考えると、何が正しい判断かは分からない。

だが早く産まれたわが子を思うと、申し訳ない気持ちになった。

そもそもハイリスク妊娠の状態だったこと、下手すればコロナのワクチンを接種した翌晩に産まれていたかもしれないことを考えれば、ここまで持たせることができただけ御の字だろう。

そう自分に言い聞かせた。

複雑な気持ちを抱いたまま、分娩台の上で、コロナで面会禁止となり家で待機していた夫と娘に電話する。

「日向くんと同じ日だね」。

そう言われ、耳を疑う。

どうやら入院生活で、完全に日付の感覚を失っていたらしい。

日向を流産したのと同じ日。同じ誕生日。

こんな偶然があるんだろうか。

生まれ変わり、あるいはそれに類するものを感じた。

両親や妹にも連絡する。

日向と同じ誕生日だと伝えると、妹は泣きながら「日向くんが守ってくれたんだね」と言った。

「あぁ、そうか、最後はお兄ちゃんが守ってくれたんだ」と、こちらも涙が溢れてきた。

もしかすると小さい妹は、お兄ちゃんの誕生日までは何とか頑張ろうとしていたのかもしれない。

そう思うと、この日に産まれてきたことは必然のような気がした。

妹のことを見ていてくれて、ありがとう。

心の中でそう伝えた。

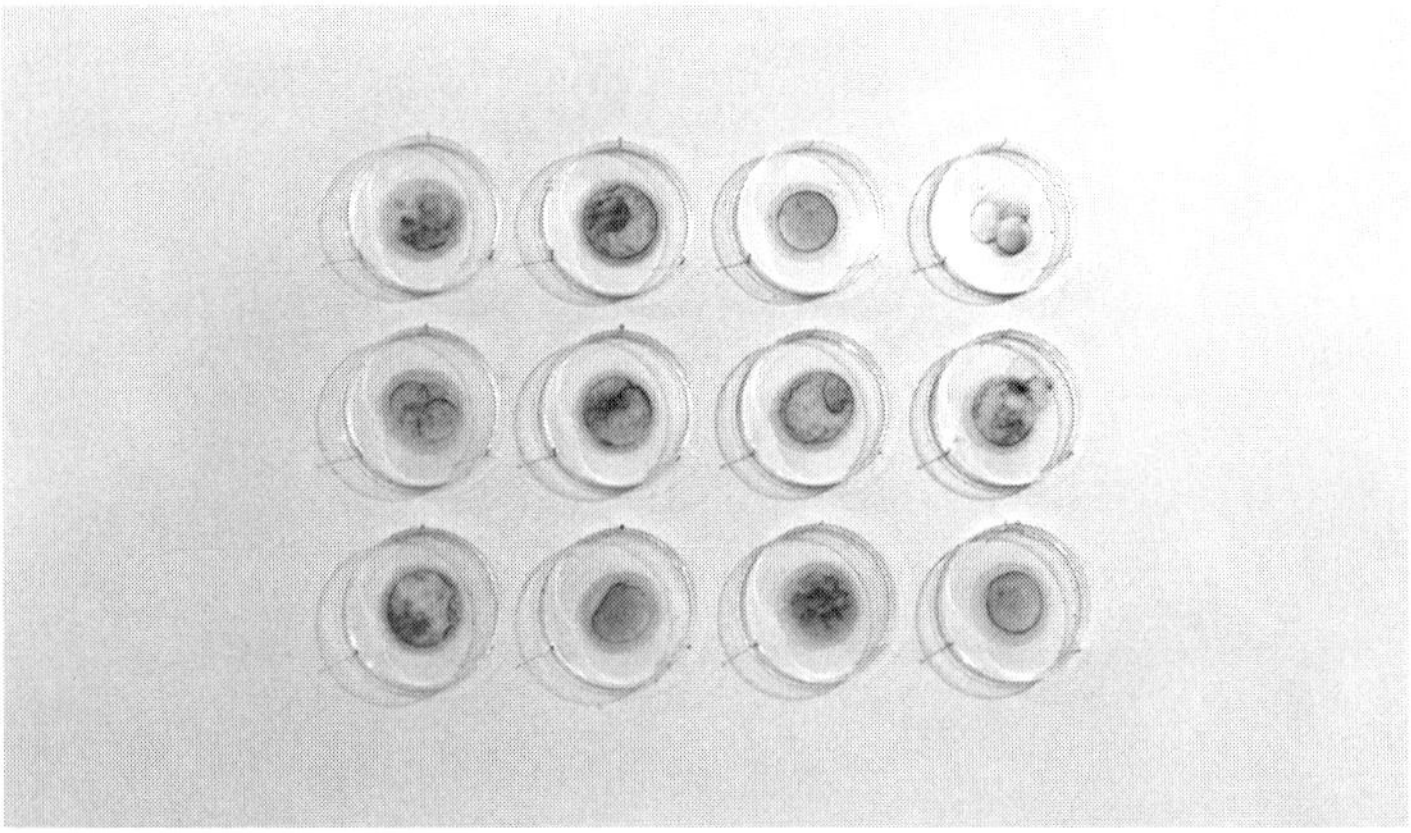

第二章　心と身体の健康

三回目の出産を終え、低出生体重児として生まれた娘は2カ月に渡りNICU（新生児集中治療管理室）とGCU（新生児回復室）で治療を受けていた。コロナ禍で面会時間に制限があり、決められた枠内で予約を取らなければならなかったが、毎日数時間おきに母乳を絞り出し、量と日付を記して凍らせたものをまとめて届けに通った。ほとんど寝てばかりいるわが子に話しかけたり、沐浴したり、おっぱいをあげたりと、時間内でできるお世話をした。

正直にいって、この2か月間は私にとって思いがけぬ回復期間だった。一人目の時は出産により疲弊しきった状態で始まる院内での母子同室、不安と混乱の連続にひどい寝不足で産後鬱となってしまったが、今回はそれがない。当然夜間も数時間おきに搾乳しないと母乳が作られなくなってしまうため寝不足には変わりないのだが、一瞬たりとも気が抜けない新生児との生活に比べれば、その差は歴然だった。

2か月後には退院できるという仮定のもと、少しずつ赤ちゃんを家に迎え入れる準備をしていく。一人目の時は夫との情報共有に完全に失敗して痛い目を見ていたので、今回は慎重に、入念に準備を重ねる。上の娘と夫は赤ちゃんが退院するまで面会ができなかったため寂しそうにしていたが、三人で過ごす最後の時間を大切にした。

　そんな日々の中、私は温めてきたアート作品の構想を、実現させる時がきたと感じていた。流産を防ぐべく一縷の望みを託して食事内容の改善に取り組んだことは、早産ながら娘が無事に産まれてきてくれたことで、今や一つの成功体験となっていた。たまたま、今回は運が良かっただけ、という可能性も充分考えられるが、13週まで同じ経過を辿った二つの妊娠で、その後大きく違ったことといえば慎重さと食事内容、衛生面の徹底度合いだけだ。個人的にはそのどれもが大事であったと感じるし、何より自分自身が健康になったというのは重要だった。

「もし今回無事に産むことができたら、その経緯を他の妊婦さんたちにシェアしよう」。

　たった一つの成功例に過ぎないが、そのたった一つに出会えなかった妊娠中の私にとっては、それが誰かの役に立つように思えてならなかった。流産した子と早産した子の物語を、世の人々にお伝えしたい。そうすることで、もしかしたら救える命があるかもしれないと思った。

　流産後に考えていたアートの形とは、また少し違う。あの時は怒りや悲しみ、命の尊さに対する畏敬の念が強く、そういうものを表現しようと思っていたけれど、今は怒りや悲しみを乗り越え、どのようにその尊い命が失われるのを防ぎ、自身をも健康にするかというところに焦点が移行している。今なら流産した時に考えていたアートの形よりも、きっと前向きで充実したものがつくれる、そう思った。

実際に作業に取り掛かかったのは、娘がＧＣＵで出産予定日を迎え、無事に退院してからおよそ一年後。参加しているアートプロジェクトと、それに関連する私自身初となる個展のため、陶芸や本、写真、映像など、ようやく具体的な作品づくりに着手した。

本や映像作品づくりについては、残念ながらほとんど経験がない。文章はまだしも、映像については大学時代に授業で少しかじった程度。だが私は流産や早産に限らず、妊娠出産に関するその他の問題についても取り上げたいと考えていた。私自身が体験するまで人の流産体験を耳にすることがなかったように、公の場でその詳細が語られず、あまり知られていない問題はたくさんある。そういう問題に関するさまざまな声を取材し、作品として人に伝えたい。そうすれば、妊娠と出産の実態がより豊かに浮かび上がるのではないかと考えた。

まずは身近で取材したいと思う人に声をかけた。以前から親しくしている不妊治療中の友人。彼女が通っているクリニックの院長先生、培養士さん、看護師長さん、看護師さんも取材を許可してくれた。それから娘が通っていたバレエ教室の、流産経験をお持ちの先生。私のために時間を割いてくださった皆さんには、感謝してもしきれない。すべてが手探り状態だったが、こうした方々と家族や友人たちの協力により、少しずつ取材は進んでいった。

お話を伺っていくと、次第に自身の経験にも重なる大事なテーマが見えてきた。それが本章のタイトルにもなっている「心と身体の健康」である。主に妊娠、出産を控えた女性の心と身体についてだが、妊娠するのに果たす男性の役割の大きさを考えれば、そこには当然男性も含まれる。妊娠出産における心身の健康をどのように捉え、ケアしていけば良いか。本章では取材に応えてくださった皆さんのお話しとともに、それについて考えていければと思う。

INTERVIEW 不妊治療の現場で

CASE 0. 不妊治療を受ける

最初に声をかけた不妊治療中の友人は、私より年上で、控えめながらユーモアに溢れた女性だ。趣味はゲーム。料理が得意で、私が三人目を妊娠していた時には、ホテルで出てくるような美しいフルーツの盛り合わせを持って来てくれ、産まれたら今度はバニラビーンズやローストカカオ豆、ゴールデンベリーなど、「自分を労わるために」と選び抜かれたさまざまな食材の詰め合わせを届けに来てくれた。日頃から少し変わった食材を買っては新しい料理に挑戦しているようだが、彼女の価値観ではものすごく不味いか美味しいか、いずれかの食材は「当たり」で、中途半端なものは「ハズレ」に分類されるらしい。見た目の可憐さに隠されがちだが、なかなか奥の深い人でもある。そんな彼女を、私はとても慕っている。

彼女は自身が長く苦労し続けているにも関わらず、私が妊娠したあとも以前と変わらぬ付き合いを続けてくれた。「彼女ならもしかしたら取材に応えてくれるかもしれない」。そう考えて取材をお願いすると、快諾の上、全面的に協力してくれた。その気持ちに感謝と敬意を表しつつ、改めて治療の内容や、治療を受けている中で感じていることについて伺った。

――不妊治療では、どのような治療をどれくらい続けていますか？

最初に通っていたクリニックでは、タイミング法を1年ぐらい続けました。着床しやすくなる薬を飲んだりしつつ、1年様子を見たけど全く兆候が現れなくて。通常は次のステップとして人工授精を試すんだけど、「年齢的なこともあるから、早々に体外受精にステップアップするのもお薦めですよ」と、当時の先生に言われました。

そのクリニックでは体外受精はやっていなかったので、別のクリニックに移って、今回が8回目の体外受精です。これまでの7回のうち、卵子が受精卵になったのは6回で、そのうち細胞分裂が途中で止まってしまったのが4回。あとの2回は細胞分裂が進んで胚盤胞《はいばんほう》という状態までは育ったけど、着床しませんでした。

――自宅では自己注射を打つと聞きますが、どのような注射ですか？

排卵を誘発させるため、オビドレルという（HCG－ヒト絨毛性性腺刺激ホルモン）注射を、排卵日の直前に打っています。あとはこの注射の前に、HMG（ヒト下垂体性性腺刺激ホルモン）注射という卵巣を直接刺激し、卵胞と卵子を発育させていくための注射を一週間くらいの期間中毎日打っています。身体の変化には個人差があるようで、私の場合は特にだるいとか浮腫《むく》むということはないですが、たまにひどい人もいるみたいです。

――自己注射する際、痛みや怖さはありますか？

針を刺す時は思いのほか痛くないのですが、液を体の中に入れていく時にじわじわとしみるような痛みがあります。普通の注射って人にやってもらうから自分はただ我慢していればいいけど、自己注射は自分で見ながら針を刺したり液を押し込んだりしていかなきゃいけないから、それが結構しんどいですね。身体は「痛いからやだ」って拒否してるのに、精神力でねじ伏せて痛いことをし続けなきゃいけないのが。

あとは青あざになるポイントがあるみたいで、全然痕が残らない時もあれば、真っ青になっちゃう時もある。たまたま何回か連続して打った結果、お腹周りが全部青あざになったりすることもあります。あざ自体は痛くないですが、自分で見て痛々しいなって思っちゃいますね。

やっぱり最初は打つの怖かったです。針を刺すまでに1時間ぐらいかかりました。自分でできない人は千円くらい払って病院に打ちに行くみたいです。私の場合は某ゲームミュージックのボス戦の音楽とかを流して、自分を鼓舞しながら打ってます。戦いに挑む気持ちで。

――採卵する日はどのような流れになりますか？

採卵日にはまず精子が必要になります。「なるべく家を出るぎりぎりに採取してください」、「人肌で持ってきてくださいね」と言われているので、当日の朝夫に射精してもらって、専用の容器に入れ、服の中に入れて持ち運びます。

クリニックに着いたら最初に採血検査をして、採卵できるコンディションかどうか先生が判断します。大丈夫なら分娩室みたいなところで採卵するのですが、付き添いの人がいる場合は麻酔を使うこともできるので、夫がいる時は麻酔を打ちます。ただいつも採卵日に夫の休みが取れるとは限らないので、たいていは麻酔なしの採卵になります。

足を広げて診察台に乗って、そこから何か、私からは見えないんだけどいろいろと器具を入れられて…。注射針みたいなものを中に入れて、卵胞液ごと卵を吸い出します。

――麻酔なしでの採卵はやはり痛みが強いですか？

私の場合、痛み自体は我慢できないほどではないです。ただ「体の中の内臓的な部分に針を刺されるんだ」っていう恐怖心がすごいので、何倍にも痛く感じます。なのでやっぱり、麻酔なしの採卵は憂鬱ですね。採卵中に一度過呼吸になりかけたことがあって、その時は看護師さんが横につきっきりで、「息を吐くことに集中しよう。ふーっ、ふーっ」って言いながらずっと肩をさすってくれていました。

――採卵後はどのような流れになりますか？

1時間くらい安静にして診察室に呼ばれると、先生が「こんな卵が採れましたよ」ってシャーレに入った卵子の写真を見せてくれます。それから別室で培養士さんからの説明があって、「今回の卵子と精子の状態だと顕微授精がいいですね」とか、シャーレに入った卵子に精子をふりかける「ふりかけ法でいけそうですね」とか判断してくれるので、同意するとその通りに培養を開始してくれます。

翌日にはクリニックから受精卵になったかどうか、またその1週間後には受精卵の細胞分裂が最終段階まで進んだかどうかのお知らせが届きます。無事に胚盤胞という状態まで育てば、それを凍結保存してひと段落です。

私の通っているクリニックでは、さらに凍結胚盤胞が何個できましたというお知らせが来るので、そのあとはそれを解凍してお腹に戻すためのスケジュールを立てていきます。

――受精卵にはそれぞれどのような違いがありますか?

うまく細胞分裂が進んだ受精卵ってあまり違いがなくて、みんな同じような形をしています。でも細胞分裂がうまくいかないことも多くて、そういう時は卵の中でゼリーがつぶれたみたいにぐちゃっとなっているのとか、分裂が止まってぽわんとした透明な輪っかだけがあるやつとか、ほんとにバラエティ豊かというか、いろんな見た目をしています。

今手元にある受精卵の写真は、定着しなかったり途中で成長が止まっちゃったりしたものばかりなので、見ていると悲しい気持ちになるけれど、一方で生命の神秘みたいなものを感じたりもします。細胞が分裂して、またくっつき合って、どんどん成長していく姿を見ると、「生まれてこようとしてるんだな」って思う。

――不妊治療を受ける中で、どんなことがつらいと感じますか？

もちろんお金のこともあるし、時間が取られるとか痛いとか、そういうつらさはありました。だけどやっぱり一番つらいのは、着床していないという結果が出た時ですね。

胚盤胞をお腹に戻したあとは、なるべく着床しやすい環境にするために入れている膣錠の影響で、妊娠の超初期症状みたいなものが出たりするんです。食べ物の匂いで気持ち悪くなるとか、関節が痛くなるとか。「これはもう妊娠してるよね」って期待して、お腹に話しかけたり名前を考えたりする期間が2週間くらいあって、そのあとで「今回は残念ながら」というのが判明するので、「あぁ…」っていう感じになっちゃいます。

流産と一緒って言ったらおこがましいんだけど、それに似たダメージだと思います。お腹にいたかもしれない赤ちゃんが、自分でも分からない、目にも見えないうちにもういなくなっちゃってるんだっていうのが、本当にショックでした。トイレに流してしまったか、下着に流れ着いて洗濯してしまったかっていう、ちょっとシュールな話ですけど…。埋葬してあげたいという気持ちがあるのに、それができないのが悲しいです。

――着床していないと分かった時、旦那さんはどんなご様子ですか？

夫も残念な気持ちは強いけど、それ以上に私が落ち込んでるから、わりと明るく、なるべくがっかり感を出さないようにしてくれていて、それがすごいありがたいです。

「つらかったらやめてもいいし、続けたいなら納得いくまでやってみよう」と言ってくれています。

――旦那さんの前で泣いたりすることはありますか？

夫の前ではそんなに泣いたことはないけど、着床しなかった結果を告げられたあと、クリニックのカウンセリング室で看護師さんと二人きりで話しているときに、「頑張ってくれているのにね」って言われたことがあって。何気ない一言なんだけど、それを言われた瞬間、「人間ってこんなふうに涙出るの」っていうくらいぶわーっと涙が出てきました。

「自分が望んでやってるんだから、つらいなんて思っちゃいけない。痛くない、怖くない、まだ頑張れる」って言い聞かせてきたけど、「ああ私やっぱりつらかったんだな」って実感しました。同じ女性から「頑張ってるね」、「わかってるよ」って言ってほしかったんだなって。

――不妊治療に関して、実家のご家族とお話しすることはありますか？

先月父が亡くなったんですが、孫の顔を楽しみにしてくれていたから、「会わせてあげられなくてごめんね」という思いはありました。棺に写真や手紙を入れてもいいと言われたので、着床はしなかったけど、一番良い状態に育った受精卵の写真を入れさせてもらって。

「もしかしたら孫になってたかもしれない子だよ」と言って、お見送りをしました。

取材の途中、彼女はこれまでの受精卵の写真を見せてくれた。さまざまな形の受精卵は、確かにどれも「生まれてこようとしている」感じがする。自分自身が流産した子に対面した時にも感じた生命の神秘の、最初期のかたち。その瞬間を捉えた写真の数々を見て、言葉を失った。

私に遠慮したのか、彼女は「流産と一緒って言ったらおこがましい」と言っていたけれど、どちらも不意に流れてしまった命であることには変わりない。法律上は妊娠週数により扱いが異なるが、着床したかどうか、または胎児の大きさに違いはあっても、同じ一つの命だ。だがかくいう私も周産期死亡（妊娠22週以後の死産および生後1週間未満の早期新生児死亡）を経験された方々に対しては、「そのつらさは計り知れない」と考えている。比べるものではないが、週数が進めば進むほどつらさが増すと考えるのは、自然なことなのかもしれない。

しかしお腹にいた期間が短い、あるいは着床していないからといってつらさの度合いが低いかといえば、決してそうではないと思う。彼女のように不妊治療をしている方々が感じているつらさには、それまでの長い努力が積み重なっているからだ。「埋葬してあげたい」という言葉には、彼女が受精卵を一個体として大切にしていた、その思いが詰まっている。

不妊治療をしている女性たちの心身の痛みを軽減する方法はあるのか。私は不妊治療が行われているその現場を、より詳しく知りたいと考えた。

CASE 1. 生命の始まりに関わる

友人が通っているクリニックに取材を依頼すると快く許可してくださり、まずは精子と卵子を培養する胚《はい》（受精卵）培養《ばいよう》士さんにお話しを伺うことになった。昨今は畜産から入る人が多いという胚培養の世界だが、取材を受けてくれたのは臨床検査技師から培養士になられたという、職人肌の培養士さんだ。仕事内容を始め、精子や卵子、受精卵を取り扱う上で大切にしていることはどんなことか、さまざまな角度から教えていただいた。

――培養士さんのお仕事について、教えてください。

まずは精子の検査があります。持って来てもらった精子の中から、数や運動率、動きなどを見て、良い精子を選び出す処理をする。今度は採卵した卵胞液から卵を探し出し、きれいに洗って培養液の中に入れる。そして得られた精子と卵子を掛け合わせて媒精《ばいせい》する。通常の体外受精だったら卵のそばに精子を置いてあげます。精子濃度が低いとか動きがあまりよろしくないという場合には、顕微鏡を使って顕微授精《けんびじゅせい》をやります。そしてできた胚盤胞もしくは分割胚《ぶんかつはい》を正確に凍結保存するというところが、メインの仕事ですね。

また胚盤胞も良いものばかりじゃなくて、やっぱり外側のTE（栄養外胚葉《えいようがいはいよう》）という胎盤になるというところがものすごく薄いとか、赤ちゃんのもとになる細胞があるのかないのかよく分からないとか…。可能性が低そうだなと思われるものは、残念だけど見送りにしようかということもあります。そういう判断をするのも仕事の一つですね。

昨今はPGT-Aといって、着床前診断、要するに中の染色体大丈夫かなって調べるための細胞の取り出しをしたり、施設によってはさらにそれを分析したりするところもあります。

――一つ一つの精子の動きを見る際のポイントは何でしょうか？

要するに早く動くかどうか。早く動くといっても、曲がってくるくる回ってるだけだとよろしくない。当然のたのた動いてるのもよろしくない。それから稀に全然動いてないっていうのもある。例えば全身の柔毛組織に染色体異常か何かあって、動かないっていうのもあったりするんです。まれな症例ですが、そういうのは生きてるか死んでるか、使えるか使えないかを確認して使ってくことになりますね。

あと無精子症という場合には、精巣から組織を取ってきて、その中の精子を使います。ただ精巣の中の精子は未成熟で運動率が100％じゃないので、やはり動きがよろしくないとか動いてないということがある。それもちゃんと生きてるか生きてないかを確認しながらやっていきます。

――精子の質を良くする方法はありますか？

精子の質っていうと実は今まであまりいわれてなかったんですよ。精子の頭部を調べるとその精子は使えなくなりますから、どうしても1個1個検査するわけにはいかない。検査されていた内容は数と濃度、運動率、せいぜい動きぐらい。あくまでも物理的にきれいか汚いか、動いてるか動いてないかというだけの話。だから精子の頭部の中に入ってる染色体がどうかってことは、あまりいわれてなかった。（けれど今は精子の老化による染色体異常などが知られている）。

じゃあどうすれば老化を防げるかというと、過酸化物質、酸化的なストレスとかは良くないといわれているので、昨今はサプリメントだと、ビタミンEとか抗酸化物質みたいなものを飲んだりするのはいいといわれてますね。

――精子と卵子を媒精したあと、受精卵はどのように変化しますか？

採卵した翌日は前核期胚《ぜんかくきはい》という受精が確認できる状態で、採卵した翌々日は4分割、さらに分割が進んで3日目には8分割となります。この時期の受精卵が分割胚。4日目になると桑実胚《そうじつはい》といって、だんだん細胞同士が密着し始めて塊みたいになってきます。5日目には中に空間ができてきて、胚盤胞と呼ばれる段階になる。中の小山みたいなのが赤ちゃんのもとになるところで、一番外側が胎盤になるところ。さらに進むと中の細胞が出てきて、自然な場合だったらそのまま子宮の内膜に潜り込んでご懐妊ということになる。大体ここら辺まで培養して凍結をさせます。

——卵子、受精卵の質には、どのような違いがありますか？

採卵して受精するまでの卵子は、見た感じ成熟か未熟かは分かりますけど、質は分からないんですよね。見ただけじゃ、形だけでは分からない。細かく調べればいいんですけど、調べたらその卵子使えなくなっちゃいますからね。

培養して、分割胚になった時には、フラグメントという細胞のかけらがなるべくないものがいいとはいわれてます。それからさらに培養が進んで胚盤胞を凍結する場合は、やっぱりフラグメントのないきれいなもので、なるべく大きくて細胞がたくさんあるものが第一選択になります。

一番大きく膨れてるのは４ＡＡって言い方をしますけれど、例えば膨れてても細胞の数が少なければ４ＣＣ、あるかないかよく分からない時はＤと呼んでいて、例えばＣからＤの間は戻すのは無理だろうと。その辺は僕らがちゃんと目で見て判断します。

——４ＡＡなどのグレードには、細胞の分割の早さも関係していますか？

分割が早ければいいかというと、そうじゃない。細胞が分裂する時は、絶対染色体にどこか不具合が出てくる。本来であればそれを修復にかからないといけないんだけど、早い場合はそれをせずにどんどん早くなっていくわけですよ。逆に修復箇所が多ければ多いほど、今度は遅くなっちゃう。なので適当なスピードでちゃんと分割してくかなっていうのも見るところですね。

——受精卵の質によって、生まれてくる子どもに何か違いはありますか？

特に何もいわれてないです。体外受精って人の手が加わっているので、染色体異常も発生しない完璧な子ができると思われてる方結構いらっしゃるけど、そうじゃないんですよね。通常の妊娠でもやっぱり染色体異常とか具合の悪いところはある。それと同じレベルだということだけは覚えておいてもらいたいです。

——このお仕事の大変なところを教えてください。

前に一度、半年間お休みがなかったことがあったんです。それでちょっと調子を悪くしたことがありました。やっぱり女性の生理周期に合わせるから、自分の都合で仕事を動かすことはできなくて、結局は土日も関係なしってことに。人が足りないもんですから、どうしてもそうなっちゃって。ただ今は労働環境がよろしくないと若い人らが入ってこなくて悪循環を起こしちゃうから、そこら辺はきっちりやらないといけないとは思ってますけどね。

——このお仕事をする上で、大切にしていることはありますか？

一番怖かったのが、初めて体外受精をやって生まれた子どもの顔を見ることになった時のこと。ものすごく怖かったんですよ。自分はなんて恐ろしいことしてるんだろうと思って。それと最初に顕微授精をやって受精させて妊娠して赤ちゃんが生まれた時、ちょうど総合病院だからお産もやっていたので見に行って、「これはちゃんとやらないといけない。自分が怖い」と思いましたね。

そんなこと言ってると何もできないかもしれないけれど、最初の体外受精をやった子どもや、顕微授精で生まれた子どもを見たら、その思いは忘れちゃいけないと思ったんですよ。いつも頭の隅に残ってます。

続いて院長先生にもお話を伺った。先生は長らく産婦人科に勤められていたが、開業後は主に不妊治療を扱われている。クリニックの培養室には個別培養が可能なタイムラプスインキュベーターという最新機器が導入されており、培養士さんは「以前は分からなかったことが分かるようになってきた」と話していた。先生はそういった機器の導入も含め、「最新の知識や技術などを常にアップデートし、ソフト面とハード面、どちらもなるべくトップランナーに近いところにいたい」と考えながら、「少しでも多くの方が赤ちゃんを授かってもらえるように」と、日々患者さんに向き合われている。改めて不妊治療とはどのようなものなのか、さらに詳しく教えていただいた。

——不妊治療の基本的な内容について、教えてください。

不妊治療は赤ちゃんを授かるというのが最終目標ですが、女性側か男性側、またはその両方に治療が必要な場合があります。原因は男性にも半数ぐらいあるといわれていますが、やっぱり治療を受けられる方はいまだに女性の方が多いです。

女性の治療については、どういうふうに卵子を卵巣から排卵させるかに重きを置いた治療と、精子と卵子をどうやって受精、巡り会わせるか工夫する治療が大きな2つの柱になります。排卵については、自然に排卵する方もいれば、飲み薬やお注射が必要な方もいらっしゃいます。受精させる方法については、自然に性交渉で赤ちゃんを授かる期待ができる方もいますが、人工授精や体外受精が必要なケースもあります。

男性に関しては、精子の数や質が問題になってくることが多いです。これについては精子数を改善したりする手術療法や薬物療法などがあります。その他に性交障害が問題になったりする場合もありますが、これは女性でも問題になることがあります。男性の場合、最近では勃起不全のお薬を性交障害の治療の一部に使ったりするケースがあります。

――それぞれの患者さんに適した治療法は、どのように判断されますか？

まずは血液検査をしたり基礎体温をつけてもらったりします。血液検査でホルモン異常があれば、その改善が必要と判断することもあります。また卵管が詰まっていると精子と卵子が巡り会うことができなくなってしまいますので、超音波検査や子宮卵管造影検査などの画像的な情報から子宮や卵巣に異常がないかどうか調べます。子宮筋腫や卵巣のう腫など、いわゆる婦人科的な疾患が不妊の原因になっていることもありますので、超音波検査はそういったものを調べるために使ったりもします。

——とくに治療が難しい症例というのはありますか？

頻度が高いわけじゃないんですけど、持ってる卵子がすごく少ない方はいらっしゃるんですよね。中には早発閉経っていうんですけど、30代半ば過ぎでほとんど月経が来なくなってしまう方もいる。そうなると、どれだけお子さんを望まれても、少なくともご自身の卵子で赤ちゃんを授かることはできなくなってしまいますから、そういう方は非常に治療が難しいケースに入ってきます。

それから以前、卵子はあるけど排卵誘発のお薬が全く効かないという方がいました。その方は結局治療そのものが成立しなかったというか、いろんな治療をしてみましたけど突破口が見えなかった。どちらかというと科学的に希少な症例だったかと思います。

——受診される患者さんたちには、体格など何か一定の傾向は見られますか？

例えば体格のいい方がよく抱えていらっしゃる問題、妊活をしていくにあたってそういう方の多くがぶつかる問題でぱっと思い浮かぶものはありますけど、あまりそういう体格的なところに大きな傾向性があるという印象はありません。ただご夫婦ともに、生き方に対してとても誠実な方が多いんじゃないかなという印象はあります。

仕事と不妊治療の両立が問題として取り上げられることが多いですけど、そういうことを悩まないといけないぐらい仕事にも真摯に取り組んでいる方、大きな役割を担っている方が多くて、これまでは結果的に妊活も後回しになってしまったという方が多い傾向にあったかなと思います。

――患者さんと接する際に、心がけていることはありますか？

難しい質問ですね。患者さんへのサポートはやっぱり科学的な側面と、気持ち的な側面があるんじゃないかと思うんです。僕の役割はどちらかというと科学的な側面から、同じ結果を繰り返さないようにするため、まずはその人にとって最善の治療は何かを常に探していくこと。ただ結果が出てこないことは残念ながらあります。そういう時に心がけていることは、きちんと経過を振り返り、うまくいかなかった結果から何を学びとって、どう今後に生かしていくか考えることです。お互いにそういう視点が持てるようになりたいなとは思いますし、検査や治療に関して工夫できる点があれば、それをきちんとお示ししていくというのは医者としての役割の大きな一つかなと思います。

――産婦人科医は年々減少し、高齢化が進んでいます。先生も以前はお産を扱われていましたが、その現場の大変さについては、どのように感じられていますか？

今はお産をやっていないので、何とも言える立場ではありません。最前線で今でも命を削って頑張っている先生方がいらっしゃいます。ただそういう先生に対して僕として言えることは、「本当にいつもありがとうございます。先生方のおかげで、僕らもこういった診療させてもらっています。これからもよろしくお願いします」ということです。それはドクターに限らずですね。看護師さんもそうだし、最前線で頑張ってらっしゃる医療現場の皆さんに対して、常に感謝の気持ちを持って診療をやっています。

患者さんの心のサポートを担っているのは、看護師さんたちだ。私自身、流産して入院していた時には何度も看護師さんたちに励まされ、救われた。看護師さんたちの助言が無ければ、未だに立ち直れていなかったのではないかと思う。一緒に泣いてくれた看護師さんも何人かいて、そういう看護師さんたちのことは、今でもよく覚えている。

友人もまた、看護師さんから「頑張ってくれているのにね」と言われ、肯定されたことで涙が溢れたその一人。看護師さんの共感を示す言葉には、心を解きほぐす力がある。だが人によっては長い道のりとなる不妊治療という現場で、その心をケアし続けるのは容易ではないはずだ。患者さんの心の痛みを軽くするためには、どうすれば良いのか。一番身近な看護師さんだからこそ見えてくる課題も含め、お話しいただいた。

――看護師さんのお仕事について、教えてください。

通常の看護業務や患者さんとの面談ですね。採血をしたり処置についたり、患者さんの不安点があればそれを伺ったりします。また治療方針に関して、具体的にこういう方法ですっていうご案内をしたりだとか、先生とのところで何か新しい検査の提案があった時には、その説明のフォローをしたりしています。

――患者さんと接する際に、心がけていることはありますか?

この治療自体がすごくナイーブで、それぞれの方がいろんな思いを抱えて来ていらっしゃいます。なのでやはり検査の説明をするにしても、それだけをすればいいわけではなくて、検査や治療に対する患者さんのお気持ちを聞き出すところが、結構大事だったりします。

「頑張ります」という一言の中にも、「ほんとはつらいんだよ」、「しんどいんだよ」、「一人で一生懸命がむしゃらになって治療を受けてるんだよ」、「旦那さんや周りの人たちになかなか理解してもらえなくて」と、いろんな思いがあるんですね。それが表情や言葉の一つ一つに出てくるので、少しでも何か負担になっているようであればお話ししてもらって、それが軽くなったところで検査を受けて帰っていただけるよう心がけてはいます。

ただ治療がスムーズに進んでも、「良かったです」というような言葉を直接聞く機会はあまりないので、このケアがほんとに正しいのかは分からない。「あれで良かったのかな、これで良かったのかな」と常に考えながら毎日を過ごしています。10年働いて、資格を取ったりいろいろな人たちの意見を聞いたりしながらやってますが、まだまだ自分は未熟だなと感じますね。

――「頑張らなきゃ」というある種のストレスは、不妊にも影響があると思われますか？

多分その影響があるから、私も勉強に行った生殖医療相談士という資格ができたんだと思うんですよね。精神的な部分でサポートができる人たちを育てていった方がいいっていうふうに、昔から不妊治療をやってきた先生たちが感じたんじゃないかと思います。

不妊治療の患者さんって、ネットや本を読みあさって勉強されてる方、その中で頭でっかちになってしまう方がほんとに多いんですよ。でも勉強すれば必ずしも正解が見つかって、妊娠という結果に結びつくわけではないんですよね。そういうストレスも体に影響しているかもしれないので、ちょっとでも改善できるようにお話しするのも心がけていますね。

――不妊治療に取り組む上で大事なことは何でしょうか？

治療には周りの理解が重要ですが、「職場には言いたくない」、「職場の方ではなかなか理解してもらえない」っておっしゃる方もいるんです。それで悩んだり苦しんだりしている方がいるという理解が深まっていくと、よりいいのかなと思います。

やっぱり子どもは宝じゃないですか。中には『そんなことやってるの』みたいな感じで思われちゃって」って言う方もいるんですが、そういうのが少しずつなくなって、理解を示してくれる方が増えてくれればと思います。

――職場や社会、あるいは旦那さんからの理解は欠かせませんね。

一番身近なのは旦那さんですが、話を突き詰めていくとそこに問題を抱えている人って結構いるんですよね。本当は旦那さんともお話できたらいいんですけど、治療には大体奥さんしか来られないので、「つらい思いしてるのって分かんないよね、男には」って愚痴が多々出てくるんです。「ここは密室なのでどれだけでもいいよ、言ってください。私愚痴でも何でも聞くから」って言うと、ぼろぼろ泣いて帰られたりする方もいるので、やっぱり旦那さんからの理解は重要なのかなと思いますね。

――男性にも積極的に関わってもらうために、工夫されていることはありますか?

そもそも男性側が不妊の原因になることも割合的には少なからずあるんですよね。そのチェックが遅くなって、「結局女の人の原因なんでしょう」というままでいると、治療する意味がないということになってしまう。

なので今はまず旦那さんに検査をしてもらって、不妊となる原因について調べましょうというふうにお伝えしています。そうすることで、なるべく男性の方にも積極的に治療に関わってもらうようにしています。

——男性と女性がお互いを理解するために、できることは何だと思われますか？

永遠の課題ですよね。男性と女性では考え方だけでなく、生まれ持っている体がまず違うじゃないですか。男性には生理が来ないし出産もないし、ほんとのことを言っちゃうと、分からないですよね。逆に女性にはペニスがないし、射精っていう経験もしたことがないからどういう感覚なのかも分からない。お互い様ですよね。その中でお互いにそういうものなんだっていうのを知って、理解までは難しくても、分かり合えればいいと思うんですよ。

患者さんに「旦那さんが何を思っているか聞いたことありますか？」って伺うと、意外と皆さん「聞いていない」っておっしゃるんですよね。頭の中で「多分こういうふうに思ってくれてるんだろう。でもなぜか助けてくれないし、声もかけてくれない」と考えて、いらいらしてしまう。だからまずはお互いに話を聞いて、知っていくことが大事なのかなと思いますね。

助産師としてお産を扱われていたご経験のある、看護師長さんにもお話を伺った。助産師といえば赤ちゃんを取り上げてくれる人、産後のサポートをしてくれる人というイメージがあるが、私が一人目を産んだ時も、やはり助産師さんが一人で取り上げてくださった。産まれた直後は「神様みたい」と感じてしまうほど強い感謝の気持ちでいっぱいになったのだが、どうやらそう崇めたくなるのは私だけではないようで、中には助産師さんの手を「ゴッドハンド」と表現する人もいる。それくらい、妊産婦にとってはありがたい存在なのだ。

より広範囲な女性のケアが求められる助産師さんの目には、不妊治療を受けている女性の心身の痛みはどのように映っているのだろう。またその解消には何が必要と感じられるのだろうか。

——患者さんのケアをする上で、難しいと感じることはありますか?

不妊治療に関しては、時間をかけていろんな方法を試しても結果が伴わないことがあって、そういう時は大変だなと思います。患者さんは真面目な人が多いので、これまで勉強も仕事も一生懸命やれば結果が伴うっていう人生を歩んでこられた方が多いと思うんだけど、この治療に関しては努力してもうまくいかない場合がある。初めて自分の中でコントロールできないことが出てくる時って、やっぱり怒りにも悲しみにもなるし、個人としても家族としても未来がなかなか思い描けなくなるのは、ほんとにすごいストレスだと思います。

人って悲しみが表出できるようなことをしないと、次に行けないと私は思う。なので本来であればどんどんと落ち込んで、落ち込むだけ落ち込んで、「じゃあ次に」ってなればいいんだけど、患者さんは休んでいられない。「生理が来たから次の治療をしなきゃ」となるので、悲しみがどんどん蓄積していってしまう。どう関わったら少しでもそういう悲しみを和らげられるかなって思うけど、私たちが何を言ったって結局は夫婦の悲しみなので、代わってあげることもできない。そこが難しいですね。

――治療にはなるべく若いうちから取り組まれた方が良いと思われますか？

そうですね。欲しいと思ってからだと大変なので、本来は中学、高校、大学で不妊症などの話を聞くチャンスがあればいいと思います。だけど日本の教育現場でそういう話をされる機会は少ないし、実は高校の生物でも「卵子って新しくつくられないんだよ」っていう話はされているんだけど、自分がその立場にならないと頭には入らないかもしれないですね。

ただやっぱり精巣と卵巣の違いって大きいですよね。精巣はいつも精子をつくってるけど、卵巣は卵子をキープしているところなので。卵子のもとは胎児の時には800万個とかあるけれど、産まれた時には200万個まで減る。ある程度分裂が途中で止まって初経が始まると排卵があって、以降は排卵するたびに毎月何千という卵子のもとが消費されていきます。また数が減るだけでなくて、年齢が上がれば、卵子もプラス1歳になる。卵子はアンチエイジングができないってところは、覚えておいてほしいなとは思いますね。

――女性が若いうちから自分の身体について知るためには、どうすれば良いと思いますか?

海外(欧米諸国)では親が自分の娘に「行こう」と言ってある程度の年齢になると婦人科の受診を勧めるけど、日本では「婦人科って行くのためらっちゃうよね」というのがある。「大人になってから初めて内診台に上がった」となると、検査をするのもどんどん遅くなって、自分の体のことを知らずに来てしまう。なので「別に婦人科にかかることは恥ずかしいことでもないし、必要なことだよ」っていうのを、ほんとは若い時から知っていれば、不妊症だけでなく子宮がん検診の受診率の低さなども改善されるんじゃないかなと思うんですけどね。

産婦人科は何か特別な時、例えばお産や子宮筋腫でお腹が痛くなった時だけに行くものではなくて、ホームドクターの一つとして使ってもらえるといいかもしれない。(とは言いながら自分の娘に「婦人科行きなさい」って言ってるかっていうと…。仕事としては人に言えるけど、実際自分が親の立場でやってるかっていうと、やってなかったなって今思ったけど。すみません)。

――助産師さんが不妊治療に関するお仕事もされるのは、一般的なことでしょうか？

助産師って、お産の時に分娩介助したり、赤ちゃんのお世話をしたり、お母さんのおっぱいをケアしたりっていうイメージがあって、とくに分娩介助は一番特徴が現れるところだけど、そこだけではないんですよね。助産師は看護師でもあるので、産まれてから思春期、性成熟期、更年期、老年期と、女性の一生を一緒にケアをしていくのが仕事で、その中に不妊治療もあります。

――患者さんのケアをする上で、心がけていることはありますか？

助産師、看護師って、例えば採血をする時、体を触って一緒に「大変だね」って背中さすったりできる。それは結構大きなコミュニケーションのポイントなのかなとは思うんですよね。「この人はやだ」って思った人に触られてもいやだと思うから、そういうふうにコミュニケーションを取りながら心と身体のケアができればいいと思います。

看護学生さんには「採血一つ取っても、ちゃんと『この人は採血上手だからこの人に取ってもらいたい』っていう看護師になれるとコミュニケーション取りやすいかもね。看護技術も磨こうね」なんて話をしてるので、看護技術も話をするっていう技術も、日々鍛錬だと思います。

――助産師としてお産に携わられていた時に、大事だと感じたことはありますか？

助産師がお手伝いできるのは正常分娩といわれるものなので、そこから少しでも逸脱した時にはドクターの手を借りなければいけない。当たり前のことは当たり前にやりながら、突然の変化をちゃんと予想して、早い段階でドクターに委ねる、ドクターの手がちゃんと間に合うように見定めるのも、助産師の仕事かなと思いながら仕事をしてました。

ほんとに日本の周産期の死亡率ってすごく低いんだけど、人間の身体っていうのは明治時代、江戸時代から変わっているものではないので、「日本の医療を担っているみんなの努力の中で成り立っているんだよ」というのは大事かなと思います。当たり前に元気で産まれるっていうのは、当たり前のことのようだけど、ほんとはすごく大変で大事なことっていうのは、みんなに思っていてもらった方がいいのかもしれないですね。

――産婦人科医や助産師というお仕事の大変さについて教えてください。

お産っていつ何が起きるか分からないので、もちろん産婦さんは命がけだけど、ドクターや助産師、産婦人科に関わってくる他のスタッフも全員、命を守る仕事を一生懸命やっている。どんな医療もそうなんだけど、やるべきことを当たり前にやっていても、それでもやっぱり思いがけないことが起きたりするので大変ですね。「お産をやっている先生たちありがとう」っていうのは、院長の素直な気持ちだと思うんですよね。

――これまでのお産で、印象的だったことはありますか？

お母さんも赤ちゃんも無事で産まれるっていうのは、やっぱり何にも勝りますね。二人の命ですので。なのでどのお産でも印象的なのは「おぎゃあ」って第一声泣いてくれたとか、お母さんが赤ちゃんを抱っこできたとか、お部屋に戻れて良かったたっていうことです。当たり前のことなんだけど、これが当たり前のように過ぎていくことが、一番いい思い出なのかなと。お産に関わった時はそう思います。

「患者さんの背中をさすったりできるのは大きなコミュニケーションのポイント」というお話しが気になって調べてみると、看護師さんが肩や背中さすったりするのは「タッチング」や「タクティールケア」という看護技術の一つで、「手を当てる、さする、揉む、圧迫する、軽くたたく（タッピング）」などの行為が皮膚の感覚を通じて大脳を刺激することで、幸せホルモンと呼ばれるオキシトシンやセロトニンなどを増加させる効果があることが分かった。[14] 信頼関係がなければ逆効果となるが、さまざまな症状の緩和が認められており、話しかけながら行うとさらに効果的なようだ。[15] タッチングはタッチしている側にもオキシトシンの増加などが認められているため、双方にメリットのあるコミュニケーションということになる。

不妊治療においてはやはり一番身近な旦那さんからの理解が欠かせないが、旦那さんに自分の気持ちをうまく伝えられていない人も多いという。逆に赤の他人である看護師さんの前でつらい思いを吐き出せる人が多いのは、このタッチングの効果が大きいのだろう。「腸は第二の脳」というが、「皮膚は第三の脳」といわれるほど、脳の働きに直結している。皮膚に心地よい刺激を与えるだけで人の心と身体を癒せるとあれば、自宅でも実践する価値はありそうだ。

現在は6人に1人が不妊を経験しており、WHOは「世界的な健康上の課題だ」と指摘している。[16] 原因は男女ともに半数くらいであるため、夫婦間で話し合うこともさることながら、このような非言語的コミュニケーションにより、お互いを労わり合うことも大切なのかもしれない。

心と身体の関係性

看護師長さんが「二人の命」と言っていたように、母子ともに健康で無事に出産するというのは当たり前のことではない。私の場合、問題なく産むことができたのは第一子のみ。その第一子となる長女は、第三子を出産した当時、バレエを習い始めていた。

娘が通っていたのは、大きな古い木工所を改修して作られた、開放的かつアンティークな雰囲気の教室だった。教えているのは主にアメリカやギリシャ、チェコでバレエダンサーとして活躍されたご夫婦で、今はお二人ともバレエ教師、振付家、演出家として多くの生徒たちの指導に当たられている。ちょっとしたきっかけで私がアーティスト活動の内容についてお話しすると、奥さまが「実は私も流産経験があって」と教えてくださり、一年後に改めて取材させていただいた。

幼少期は身体が弱く、長い間子どもは諦めていたという先生だが、これまでに私と同じ三度の妊娠出産を経て、現在は二人のお子さんを育てられている。バレエダンサーとして鍛え抜かれた身体は、それぞれの妊娠出産にどのように応えてきたのだろうか。日頃から徹底的に身体に向き合っている先生だからこそ感じられてきたその思い、心と身体の関係性について伺った。

――母は「あなたは多分子どもを産むことはできないから、何か1人で生きていくものを身につけなければいけない。自分の好きなことを早く見つけて、その道で生きていくことを考えなさい」ということを、小さい時から言っていました。1800gの未熟児で産まれて、子どもの頃は身体が小さかったんですね。腎臓の機能があまり良くなくて、大きな手術を受けたりもしていたので、とても心配していたようです。子どもが産めないからと言って、一人で生きていく、当然結婚も無理と言われるのはちょっと不思議な感じはしたんですが、「でも世の中そんなもんなのか。母がそう言うんだったらそうなのかな」と思いながら、ずっと過ごしていました。

大人になってバレエで海外へ行き、同じバレエダンサーで10年ほど一緒に過ごしていた彼に一度、「私は多分子どもを産めないけれども、結婚して大丈夫なのかな?」と聞いたことがあるんです。すると彼は「やっぱり自分の子どもが欲しいなっていう気持ちは正直あるけれど、でも違う人生もあるから、それはそれだよね」と言ってくれて、その後結婚しました。

そしたら数年後に子どもができたんですよね。(母は授からないという意味ではなく、出産に私の身体が耐えられないということを心配していたようです)。いつもバレエのレッスンで骨盤底筋を使うんですけど、突然そこに力が入らなくなったような気がして。これは初めての感覚なので、赤ちゃんができたんじゃないかなとすぐに分かりました。身体が全然違うというか。それで夫には「なんか骨盤底筋周りが変だから、多分赤ちゃんができたと思う。だけどまだ測れる週数じゃないから、楽しみに待ってよう」と伝えて。でもやっぱり早く知りたくて、薬局で妊娠検査薬を買って調べたら、赤ちゃんができていたんです。

「あれ？ できた。できたわよ」と。赤ちゃんを授かって、「私はこんなに嬉しかったんだ」と思いました。それまでは本当の気持ちに蓋をしていたというか、「子どもは好きじゃない」とか、「私には必要ないから」とか、そういうふうにちょっと自分を誤魔化して生きていたんだなと思ったんですね。自分が傷つかないように本当の気持ちを隠して、知らず知らずのうちに自分を守ろうとしていたんだなということに、気が付きました。

赤ちゃんができてしばらく経つ頃には、あまりもう骨盤底筋のことは気にならず、レッスンも毎日やっていました。お腹が大きくなってきた頃には、回ったり飛んだり脚を上げるのは「お願いだから、危ないからやめて」と大人の生徒さんたちからは言われていましたけれど、予定日を10日過ぎても出てこない感じだったので、私はもうバンバン飛んじゃえと思っていたんです。それでもやっぱりなかなか出てきませんでした。

3連休の前に赤ちゃんを出した方がいいだろうとお医者さんが判断され、どうやって出すんだろうと思っていたら、促進剤を打たれました。もう死ぬような思いでしたね。急に強い陣痛が来たのに全然子宮口が開かない。1㎝、2㎝。どうしてこんなに硬い。看護師さんでスポーツ医学に詳しい方にも、「アスリート並みの筋肉だから硬いんだろうね」なんて言われて。

結局その日は6時間かけて3、4㎝までしか開かず、「これはもう母体が大変になっちゃう、疲れちゃうから1回やめましょう」ということになりました。

次の日の誘発分娩の時、そばにいた夫が「リラックスして、骨盤底筋を緩めて、バレエのイメージトレーニングのようにとにかくリラックス」と言ってくれて、「そうか、今私がやっていたのは閉める方だった、痛いからギュッと力が入って閉めていたんだ」と気がつきました。とにかくリラックスしようと思い、力を緩め始めると、あっという間に4㎝から5㎝、6、7、8㎝と開いて。「もう10㎝近く開きますよ。分娩台に行きましょう」と言われ、「もうすぐ赤ちゃんに会えるんだな」と思いながら分娩台に乗り、2回いきんだら産まれました。リラックスしてからは早かったです。

産声を聞いて、胸の上にのせてもらった赤ちゃんの温もりを感じた時には、本当に嬉しかったです。ヘトヘトになりましたけど…でも出産ってかけがえのないものだなと、その時感じました。そこから子育てが延々と続くということは頭で分かっていても、実感としては湧かないから、ただただ嬉しい。無事に産まれてくれてありがたいと感じました。

最初の子から4年ほどが経ち、もう1人産みたいなと考えていた時、最初と同じような、もしかしたら妊娠したかもしれないという感覚がありました。でも最初とは違ったのは、落っこちちゃいそうな感じがあったこと。どこに行くにも内股で移動しないと不安な感じが、2週間ぐらい続きました。

「なんか変な感じがするからじっとしていた方がいいかな」とは思っていたんですが、最初の検診に行く前の早い時期に、たまたま舞台のリハーサルがあったんです。ワルツに乗って踏むステップを子どもたちに教えるため、同じ動きをちょっと踊って見せていたら、突然出血しました。「いけない」と思ってトイレに行ってからも出血が続き、その場に居合わせた看護師をやってらっしゃった生徒さんのお母さんに相談すると、「すぐ病院へ行こう」と。

お医者さんに話すと、エコーや触診などで確認してから、「赤ちゃんはもういません。そのままほっといて、流しちゃってください」みたいなことを言われました。「え？お腹に留めておくことはしないのかな？」とびっくりしながら、わけもわからずひとまずは家に帰されました。

数日後に本当に弱い陣痛が来て、トイレに行くと、ポロっと中に落ちたんですよね。夫を呼んで、「出ちゃった、出ちゃった」って大慌てで…。そしたら彼はぱっと素手で拾い上げて、「病院に行かなきゃいけない。でもこれ持って行った方がいいんじゃないか」と言って、それをビニール袋に入れ、とりあえず冷蔵庫に入れました。

次の日、それを持って病院に行くと、「これはもう流れましたね。でも子宮の中がぐちゃぐちゃなので、掻爬してきれいにしないといけません。すぐに入院してください」と言われ、入院することになりました。その時はやっぱり嫌でしたね。手術をするということで部屋へ行ったら、分娩台のようなものの上で、脚を「カチャン、カチャン」って動かないようにされて。「動かないようにされるって、そんなに痛いのか」と恐怖で。

前回出血して病院に行って「もうこれは駄目ですから、そのままにして大丈夫です」と言われた時も、やっぱり私は自分の気持ちを軽くするために、「しょうがない、しょうがない」って無意識のうちに元気な感じを装っていたんですね。でも分娩台のようなものに乗り、「今から掻爬するので、麻酔をします」と言われた瞬間、溢れ出てきました。悲しくて、悲しくて。最初の子を元気に産めたことが頭に浮かんで、「もしかしたら私がリハーサルで踊ったからなんじゃないか」とか考えて、麻酔をしなきゃいけないのに涙は止まらないし鼻水は出てくるしで、「ここ数日間の私は、自分を誤魔化していたんだな」と感じました。

ただそこで本当の自分の気持ちに向き合えたので、そのあとは空元気ではなく、大丈夫でしたね。つらい気持ちって、どうしても隠したり押し殺したりしてしまったりするけれど、そのままではずっと持ち続けることになるんじゃないかと思います。病院に一泊している間、「皆さん自分を責めるけど、赤ちゃんが弱かったんですよ」と看護師さんが言ってくださって、また少し救われたりもしました。でも「やっぱり会いたかったな」っていう気持ちはありましたね。

流産を経験してから、私の母も、それから夫の母も、と、案外流産を経験している人が多いことに気が付きました。流産したことで流産経験のある方が「私もよ」と言ってきてくれて、気持ちを分かち合うことができて、「出産ってやっぱり奇跡なんだな」と感じました。もともと母の誤解だったにせよ、私自身はずっと産めないと思いながら生きてきたし、現に「産めないのよ」っていう方が私のそばにもいたりするけれど、子どもを授かるってことがいかに奇跡的なことなのかということは、その時に改めて痛感しました。

私は自分が子どもを欲しいと思った時にすぐ妊娠したという経験から、「子どもが欲しいと思ったら、案外すぐに妊娠できるんじゃないか」と考えていたようなところもちょっとあったと思うんです。でも流産したことで、「これは産もうと思って産めるものではない」とすごく思いました。自分にはこの経験は大事なことだったんだと思います。

流産した次の子の時も、妊娠したことはやっぱり同じように分かりました。上の娘の時は唾液が溢れ出るからタオルで唾液を取っていく、というくらいのつわりだったんですけど、下の息子の時はとにかくひどくて。ずっと胸焼けするような、鳩尾の辺りにいる感じが出産まで続いたのですが、「つわりはつらいけど元気だったらいいか」なんて思いながら過ごしていました。

予定日を過ぎてもなかなか出てこないので、また促進剤ということになりました。恐怖の促進剤かと思ったけど、最初の出産でリラックスは覚えていたので、案外早く、1日で分娩台に上がれたんです。でも分娩台に上がっているのにまだ鳩尾の辺りにいるみたいな感じで、その時は私が41歳で体力もなかったのか、何回いきんでも、全然出てこなくて。夫に「もう開けて。いいからお腹を開けて」って言ったのを覚えています。みんなが「もうちょっと頑張って」と言って、何とか産めたという感じでしたね。

つわりがあることもあれば、ないこともあるし、出産って本当に毎回違うんだなって思いました。でもとにかく息子の時は、これは安産といえるんだと思いました。なので元気に産まれてきてくれて、本当によかったなと思っています。

最初の子の時にリラックスすることで無事出産に至ったこともそうですが、バレエを教えていて強く思うことは、「本当に心と身体は一体なんだな」ということです。小学校4、5年生ぐらいになると、何となくみんな学校での悩みを持つようになって、いじめまではいかなくても、ちょっと嫌なことを言われたり仲間外れにされたりすることがある。いろんな時期があるけれど、そういう問題を抱えている時って、やっぱり体が硬直していますね。

毎日のようにレッスンに来ている子の身体はよく見ているので、ちょっとした変化であっても気が付きます。バーレッスンですごく硬くなっている感じがある時に、何も聞かずに背中をさすっていると、ポロポロって涙を流す子がいたりして。でも私はそういう時は身体を動かして汗と涙を一緒に流しちゃった方がいいと思うので、そのまま理由を聞かないで、背中をさすりながらレッスンを続けます。バーレッスンが30分から45分ぐらいで終わるので、それくらい経った時に「何か嫌なことあった?」と聞くと、「ちょっと学校で嫌なことがあった」って。「話せることだったら話してごらん。みんな同じようなことを抱えていると思うから」なんて言って話をして。今度はセンターのレッスンに入るのですが、普段だったらじっくりやるものを少し軽めにして、バンバン飛ばせてバンバン回ってみたいなことをすると、帰る頃には笑顔なんですよね。そうして帰っていく時の身体を見ると、もう固まっていない。それがすごく私は嬉しいなと思います。

体が柔らかい子、硬い子っていうのは、もちろん生まれ持ってあるけれど、出産後の赤ちゃんを見ると、大体みんな脚をカパッと開いてカエルみたいな状態みたいになっているので、赤ちゃんの時にはみんな柔らかいんじゃないかなと思います。ただ3歳の時にはもうずいぶんと差が出てきて、動きがアクティブで筋肉を強く使う子は硬くなるのが早く、リラックスが上手な子は柔らかいという傾向は、何となく見受けられます。また全員がそうじゃないとは思いますが、歩くのが早かった子も少し硬くなるのが早くて、逆に歩くのが遅い、はいはいの期間が長かった子は柔らかい傾向にあると思います。それは20年教えていて、こんなにも違うのかと感じる部分ですね。

そしてやっぱり男の子はアクティブで、筋力が強いので、往々にして身体が硬いです。私の息子も、こんなに硬いのかと思うぐらい硬くて。ただ筋力が強いからなのか、柔らかくするためにストレッチをする時には、女の子だったらこれ以上やると痛いからできないっていうところまで我慢できる。「そんなにやって大丈夫かな」というくらい頑張るので、段々と柔らかくなっていきます。

どこかが極端に硬かったり柔らかかったりするのではなく、身体全体のバランスが大事だなと思ったのは、娘が以前留学した際に腰椎分離症を患った時です。私が足首の靭帯を切った時には数ヶ月で復帰できたんですけど、腰椎の場合は座っていても痛いし、寝ていてもうずく。2年ほどかけて騙し騙し踊れるくらいにはなったんですけど、どんどんふさぎ込んでいってしまう彼女を見て、腰椎を怪我するというのは、かなり過酷なんだろうなと思いました。腰椎は身体の中心にあるので、脚も上げるにしてもジャンプをするにしてもそこに圧がかかって、いろんな筋肉でサポートすることになる。結局は全身のバランスが崩れてしまいます。

胸椎が硬いと腰椎に負担がかかるので、彼女の柔らかさやトレーニングに偏った部分があったんだろうなと思います。私達が指導していた中で、胸椎の部分をもう少し見てあげれば、そういう怪我には繋がらなかったのかもしれません。

身体のどこかを使えば必ずどこかが助けるし、どこかが楽をすれば、その分どこかに負担がかかる。なのでまんべんなく使えることが、一番怪我に繋がらない。それはバレエの人だけではなく、どんな人でも同じだと思います。バレリーナほどでなくても、硬いところと柔らかいところの差を無くすことで怪我しにくくなるんじゃないかなというのは、娘を通して学んだことだと思います。

私は上の子を産んだすぐあとにトレーニングをしすぎて筋肉を痛め、踊れなくなっていました。少しずつクラスを増やして復帰しましたが、踊れるようになるまでに相当時間がかかりました。自分自身のレッスンが思うように受けられなかったりしたことも理由の一つですが、筋肉が衰えてくる年代だったというのもあると思います。

40代後半になると、踊っている時の自分の軸みたいなものが分からなくなってきました。感覚として「身体がここに行けばバランスが取れるはず」という本当に細い軸があったのに、太い円柱の中に埋もれてしまって、つかめない。「あれ？この辺だったはずなのに。もうちょっとこっちだったかな？」と探す日が増えました。

今はレッスンを受けていますが、さらに分からなくなっていて。「ここ」と明確に分かっていた時代には戻れないけど、できるだけ戻そうと思っているんです。でも夫は超ポジティブなところがあるので、「戻そうと思わないで新たに見つけた方がいいんじゃない？もっといい軸取れるかも」って。それで新しい軸を探し始めたら、確かに昔は感じにくかったところが感じられるようになりました。


ただやっぱり50過ぎてからは、筋肉の伸縮が悪いです。「使って伸ばす、使って伸ばす」を繰り返さないと、どんどん筋肉の伸縮率が落ちていっちゃう。40代の時は教えたあとストレッチさえしていれば次の日には戻っていたのが、戻らない。ジャンプする時の筋肉の伸縮が悪いので、関節にもろに響く感じがある。これは身体、骨に悪いなと思うので、年齢がいけばいくほど、伸縮率を保ちたいっていうのは思いますね。音楽が鳴ってヴァリエーションを子どもたちに教えていると、身体が勝手に動くというか、楽しくてしょうがないので踊っているような気になりますが、後で映像を見ると全然飛んでいなかったりして。

それでも以前よりは今の方が動けるから、決して諦めることはないなって思います。子どもたちが育っていけば自分の時間が取れるので、60代、70代でもっとトレーニングを増やせば、もう少しいけるんじゃないかなと。20代、30代のように踊れるわけではないけれど、年齢を重ねた分、踊る表情、表現に繋がるものは以前よりも深みを増したような気がします。なので自分の身体と上手に向き合いながら、もっともっと高みを目指していければと思っています。

付記 TALK

大久保美貴 × 子鹿社 田邊詩野

取材したかった方々へのインタビューをひとまず終え、2022年10月、私は初めての個展を開催した。展覧会タイトルは「私の流産と早産」。呉須と呼ばれる青色の顔料で染付けをした珈琲カップとソーサーや、陶芸のダミ筆で描いたドローイング、自身の流早産体験に関連する写真に、友人の受精卵の写真などを展示した。また本書の第一章のみで構成された、私家版となる『私の流産と早産』も各テーブルに置いた。

そこで出会った、ひとり出版社「子鹿社」の田邊詩野さんは、のちに第二章を加えた本書を出版してくれることになる女性だ。会期中、急遽トークイベントをすることになり、話し手は私、聞き手を田邊さんが担ってくれることになった。ここではその時の話をまとめてご紹介したい。

——まずは作品の解説をお願いしてもいいですか?

今回は展示会場がブックカフェということで、どういう展示が一番しっくりくるかなと考え、まずはこの本を書き始めました。陶芸作品やドローイングは、流産した時に描いていた無花果をモチーフに制作しています。また写真は流れてしまった子の臍の緒やエコー写真、早産した子がＮＩＣＵから退院する時の写真、血糖値を測っている時の写真などを展示しました。

中でも一番ご覧いただきたいのは、不妊治療中の友人の受精卵の写真です。私自身は不妊治療をしなかったんですけれども、取材していく中で、受精卵、命の始まりの瞬間というものに触れて、とても感動したんですよね。それまでは「無事に出産することがいかに当たり前でないか」ということばかりにフォーカスしていたんですが、まず「妊娠すること自体がすごく大変で奇跡的なこと」なのだと、改めて気づかされました。これは妊娠出産をテーマに展示する上では欠かせないと思い、一緒に展示させていただいています。

――本の中には、流産したお子さんを連れてきてもらって、対面するシーンがありますね。

当時13週なので、全長はまだ11㎝と本当に小さいんですけど、そのサイズ感の中に人間のほとんど全てが備わっているということに、衝撃を受けました。

お腹の中にいる間は、たしかにつわりは気持ち悪いし身体は違うけれども、やっぱり姿形が見えないので、「ここにいる」という実感があまりなくて。エコー写真も見せてもらいますし、大きさも都度教えてもらえますが、妊娠初期は胎動もないので、ただイメージするしかなかったんですよね。なので生まれるに至る途中のサイズ感の生命に対面するというのは、「本当にこれくらいの胎児がお腹に入っていたんだ」という、驚きでもありました。

――すごく美しい姿を見せてくれたっていうことですよね。

どうにかこの姿を留められないものかと思って、スケッチしたり、写真を撮ったりしました。その時はいいカメラとか持っていなかったので、携帯でちょっと撮っただけですけど。でもその時の感動は、それだけではどうしても留めきれないなと思っていたのですが、今回初めて文章にして、まざまざと蘇ってきました。

――産婦人科って特殊な場所で、その場でものが言えない空気がありますよね。

処置をされている最中に、「今何やってるんですか?」とはなかなか聞けないですよね。ましてや最初にポリープを切除された時は、「流れちゃったのか…」と茫然自失の状態だったので。私の場合ポリープが大きかったので、最初は胎児の頭と勘違いされたんじゃないかと思うんです。でもすぐに「あれ、これ頭じゃない」ってなって、そのまま切除術に移られたのかなと。

わけも分からず処置を受けるのはやっぱり怖いですね。産婦人科の先生に診ていただくのはとても大切なことですが、先生方には女性が感じている緊張感に配慮し、なるべく不安がないよう説明を充分にしていただけると、女性側も安心して診てもらえるのかなと思います。

――お医者さんの対応について、今改めてどう感じていますか?

勝手に手術を行うのは、インフォームドコンセント、患者の自己決定権をないがしろにすることですので、それに対する強い問題意識は今も変わりません。病院側には初期の切除が流早産リスクを高めるという研究結果を踏まえつつ対応の改善をお願いしましたし、今後は同じことが繰り返されることのないよう願っています。

ただ産婦人科医が減り続けている中では避けられない、医療の世代間あるいは地域による格差を感じてもいます。実は本の中で触れられなかったのですが、3回目の妊娠中に再びポリープを切除されたあと、「これ以上ここでは管理できない」ということで、個人のクリニックから総合病院に転院しているんです。転院した先で診ていただいたハイリスク妊娠担当の若めの女医さんからは、「ここにまだ脱落膜ポリープの根っこがありますけど、危ないから触らないでおきましょう」と言われました。それが根っこだったからかもしれませんが、まだまだ出血が続いていたにも関わらず、「触ると危ない」と判断するお医者さんに初めて出会った瞬間でした。

また一人目の時は都内で出産しましたが、当時は「負担が大きすぎる」と思えるほど、検査の多いクリニックに通院していました。一方引っ越した先では、そもそもクリニックの数が少ないこともそうですが、検査は必要最低限で通院回数も少なく、ありがたい反面不安もありました。3回の妊娠出産を通じて、そういう違いがあるということを初めて認識し、「もしも最初のクリニックや今回の総合病院だったら、流産を防げていたのかな」と考えたりしました。

――妊娠出産というのは、今の社会においては非常に語りにくいテーマの一つであると思います。さまざまな立場の人がいるし、その時々の時代背景や社会的要因を背負っている部分もあるので、生半可な覚悟では語り始められないと思う。だから大久保さんが妊娠出産をテーマに作品をつくるというのは、かなりの挑戦でもあると思っていて。今回これをテーマにしたことについてお話を伺いたいと思います。

もともと陶芸の作品だけを作っていた時には、素材にどんどん惹き込まれていく反面、明確なコンセプトがどうしても見つけられなくて。陶芸を通して世の皆さんに訴えかけたいと思えるものが、自分の中になかったんですね。学生時代には呪文のようにコンセプトの重要性を説かれていましたけど、何をどう表現したらいいものか、ずっと迷っていました。コンセプトなんて要らないという考え方もありますが、私自身、何か強い動機が欲しかったんだと思います。

そんな中で今回の流産と早産は、私にとって物事の見方が大きく変わる、初めて社会に向けて訴えかけたいと思える出来事でした。でもこの経験を通じて考えたことをちゃんとお伝えしようと思うと、陶芸だけでは難しい。技術はないけれど、もっと媒体を広げてみようと。もちろんアートという形で発信することで、いろんなことを言われたりするのは想定したんですけれども、やっぱり私の中では大事なことだったので、作品にしたいと考えました。

――物議をかもすというか、この展示をきっかけに、たくさんの人がいろんな話をしてくれましたね。それがアートの力でもありますよね。

もしそういうお話が医療従事者の方にまで波及したら、そこでまた患者さんの自己決定権の尊重に関する議論が深まったりするかもしれないし、これから妊娠しようとしている方や今妊娠中の方に、「流産は自分と全く無関係ではない、すごく身近なものなんだ」と知っていただければ、救える命があるかもしれないので、そのきっかけになったらいいなと思っています。

――若い世代の人たちは、これまでよりさらに自分の性をどう捉えていくかが大きなテーマになるのかなと思います。そう思うと、大久保さんが妊娠出産をテーマにしたのは何となく納得がいくのですが、女性の作家として何か感じていることはありますか？

子どもの頃は性差による不条理みたいなことってあまり認識していなかったと思うんですけど、大学に入ったときに初めて強く認識しました。自分自身は何の疑いもなく「アーティストになるんだ！」と思って大学に入学するわけですけど、入ったらすぐさま教授に「女の人はどうせそのうちやめちゃうからね」って飲み会の席とかで言われちゃうんですよね。

もちろん教授も男性が多いですし、なるべく男性の職員を残そうっていう意識が強いのをありありと感じます。でも「自分はやめるつもりも何もないのに、あらかじめそのうちやめるって決めつけられても」とは思っていました。

ただ現実問題として結婚して妊娠出産っていうものがちらついてきたときには、なかなか思うように自分の時間が作れないとか、そういうのがどうしたって増えてしまうので、「今後の働き方どうするんだろう」ってやっぱり思いましたね。

——子どもの世話をしていると、一日24時間のうち半分は子どもにかかってしまいますものね。

育児しながら働く女性が抱える大きな問題ですよね。やはりそれはアーティストも例外ではなくて。制作し続けることの大変さっていうのを否が応にも実感して、教授が言っていたことがまさに現実になろうとしてはいたんですけど、でもそれは悔しいというか。

それでも最近は女性が産後に復帰しやすいようなプログラムが組まれるようになったりして、少しずつ変わってきているじゃないですか。だから、アーティストも妊娠出産したからといって、「制作することを諦めなくていいよな」というふうには思っているんです。同世代ぐらいの女性のアーティストと話をすると、やっぱり強くそう思っている人が多いので、私も「社会の不条理に負けないぞ」という気持ちで、続けていきたいなと思っています。

——今回初めての個展となりますが、挑戦してみていかがでしたか？

なにせ初めてなのでほんとに不安だったんですけど、カフェのオーナーが「好きにやっていいよ」と言ってくださったので、思い切ってできました。見た目はあまりドロドロしないよう意識しましたが、自分の思うような形でやらせていただいて、本当にありがたかったです。

いろんな方から「命のことについて考えさせられた」というご意見をいただいたのですが、意外にも男性からそういうコメントをいただくことも多かったです。私の中では妊娠出産を控えた若めの女性を第一の観客、読者として想定していましたが、もちろん男性の方にも「こういう世界があるんだよ」と知ってもらいたかったので、それはすごくよかったなと思います。

参考文献

1. 大隈良一, 大隈香奈, 栗原麻希子, 他,「脱落膜ポリープ合併妊娠の診断と予後について」日本産科婦人科学会雑誌, 69, 2, p. 872. (2017)
2. 平山恵美, 加藤慧, 前田悟郎, 他,「周産期医療の現状と今後 周産期センターとしての取り組み 妊娠時に認められた頸管ポリープと早産との関連についての検討」市立札幌病院医誌, 75, 1, p. 17. (2015)
3. 平山恵美, 他, 前掲論文, p. 16 (2015)
4. 石川大, 野村慧, 永原障仁,「糞便移植法の現状と将来展望」日本静脈経腸栄養学会雑誌, 33, 5, p. 1121-1126. (2018)
5. Caroline M. Mitchell, Anoria Haick, Evangelyn Nkwopara, et al., "*Colonization of the upper genital tract by vaginal bacterial species in nonpregnant women*" AJOG, 212, 5, p. 611. e1-9. (2015)
6. Inmaculada Moreno, Francisco M. Codoñer, Felipe Vilella, et al., "*Evidence that the endometrial microbiota has an effect on implantation success or failure*" American Journal of Obstetrics and Gynecology, 215, 6, p. 693-696. (2016)
7. 安立匡志,「妊娠維持に有効な腸内、膣内および子宮内腔細菌叢の同定」科学研究費助成事業, 研究成果報告書, p. 2-3. (2020)
8. Caroline M. Mitchell, 他, 前掲論文, p. 611. e4-6. (2015)
9. 佐藤元律, 田村好史, 中潟崇, 他,「日本人低体重若年女性の耐糖能障害の有病率と特徴」The Journal of Clinical Endocrinology & Metabolism, 106, 5, p. 2053-2062. (2021)
10. 宗田哲男,『ケトン体が人類を救う－糖質制限でなぜ健康になるのか－』光文社, p. 46-65. (2015)
11. 宗田哲男, 前掲書, p. 180-187. (2015)
12. 林昌子,「早産の予防と管理」日本医科大学医学会雑誌, 16, 3, p. 138-143. (2020)
13. 大槻克文,「リトドリン塩酸塩の使用実態ならびに副作用に関する調査報告」日本周産期・新生児医学会雑誌, 15, p. 6-7 (2016)
14. 山口創,「皮膚感覚と脳」日本東洋医学系物理療法学会誌, 42, 2, p. 9-16. (2017)
15. 川原由佳里, 奥田清子,「看護におけるタッチ／マッサージの研究：文献レビュー」日本看護技術学会誌, 8, 3, p. 91-100. (2009)
16. World Health Organization (Sexual and Reproductive Health and Research) "*Infertility prevalence estimates, 1990-2021*" Global report. (2023)

あとがき

個展からおよそ一年が経って第二章を書き終えた今、上の娘は6歳、下の娘は2歳となった。第一章では自身が感じた糖質制限などの効果について触れたが、やはり成長期の子どもについては糖質を含む相当量のエネルギーがなければ大きく成長しないのだと、今はそう実感している。

以前は大人と同じくらい食べていた長女は、私に合わせて糖質の摂取量が減ると、相対的に食事量そのものが少なくなり、身長と体重が増えなくなった。食欲に火をつけるにはある程度しっかり糖質、とりわけ炭水化物を摂ることも必要なのだと、最近またよく食べるようになり、少しずつ大きくなり始めた長女を見て反省している。最適な食事内容はその人の年齢や体質、身体活動量などによって異なると思われるため、今後はそれぞれの状況に合わせて提供していければと思う。

心身の健康はすべての人に大切なものだが、妊娠出産を控える女性は胎児の脳や身体の発育にも影響するため、より強くそれを意識することになる。妊娠中は食べる量に上限があるもの、食べてはいけないものがあるだけでなく、ほとんどの薬は使用できず、頭痛や風邪などの症状がある場合は忍耐でやり過ごすしかない場合も多い。だがこうしたさまざまな制限がある中で、否が応でも日々の食事内容を見直さざるを得なくなるのは、自身と家族の健康を見直す良いきっかけでもある。この本は、そうした中で自分なりに考えたこと、見聞きしたことをまとめたものだが、これが妊娠出産を控える女性だけでなく、健康に悩める誰かの役に立つことを祈っている。

本書のブックデザインを担ってくれた「BACCO」の松下理恵子さんと松下達矢さん、出版してくれた田邊詩野さんに出会えたことは、とても幸運な出来事だった。

田邊さんを紹介してくれた「壺中天の本と珈琲」オーナーの館野茂樹さん、個展の開催を促してくれた「Cliff Edge Project」主宰の住康平さん、プロジェクトの運営スタッフの皆さまには、私がアーティストとしての第一歩を踏み出すきっかけをいただいた。

私家版の原稿をお見せしたライターの長町美和子さんと、本文レイアウトをしてくれた「編集デザイン工房」の野田耕一さんがいなければ、この本が人の手に取られることはなかっただろう。

父は得意の3Dプリンターでエンボス加工のためのツールを作ってくれ、母は私が本を書いている時もそうでない時も、子どもたちにさまざまな遊びを教え、美味しいご飯を作ってくれた。

取材を行うにあたり、大学の同級生でもある友人の岡崎春香さんと松尾美森さんは、遠いところを助けに来てくれた。そして夫は取材のたびに仕事を調整し、いつも私が動きやすいよう努めてくれた。関わってくれたすべての人に、心から感謝を申し上げたい。

プロフィール

大久保美貴（おおくぼ・みき）
１９８８年、新潟県生まれ。
東京藝術大学卒業。博士（文化財）。
大学で陶芸を学び、大学院では釉薬の発色機構に関する研究を行う。
三度の妊娠を経験し、一人目から順に正期産、流産、早産で出産。
以後は「妊娠と出産」や「人の心身の健康」をテーマに、
アーティスト活動に取り組む。
その手法は陶芸やテキスト、映像など。
https://mikiokubo.com

わたしの流産と早産

二〇二三年十月十七日　初版第一刷発行

著者　大久保美貴
装丁・組版　ＢＡＣＣＯ
編集・校正　子鹿社
営業協力　青木雅幸
印刷・製本　シナノパブリッシングプレス

発行者　田邊詩野
発行所　子鹿社
静岡県賀茂郡東伊豆町稲取
二九六三－三－二〇二

ISBN978-4-9912198-1-8
Printed in Japan
